କରୋନାକାଳ

କରୋନାକାଳ

ସୁମିତ୍ରା ମିଶ୍ର

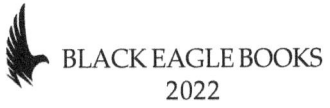

BLACK EAGLE BOOKS
2022

BLACK EAGLE BOOKS

USA address:
7464 Wisdom Lane
Dublin, OH 43016

India address:
E/312, Trident Galaxy, Kalinga Nagar,
Bhubaneswar-751003, Odisha, India

E-mail: info@blackeaglebooks.org
Website: www.blackeaglebooks.org

First International Edition Published by
BLACK EAGLE BOOKS, 2022

CORONA KALA
by **Sumitra Mishra**

Copyright © **Sumitra Mishra**

All rights reserved. No part of this publication may be reproduced, stored in a retrieval system, or transmitted, in any form or by any means, electronic, mechanical, photocopying, recording or otherwise without the prior permission of the publisher.

Cover & Interior Design: Ezy's Publication

ISBN- 978-1-64560-276-7 (Paperback)

Printed in the United States of America

ଉତ୍ସର୍ଗ

'କରୋନା କାଳ'ରେ ମହାମାରୀ କୋଭିଡ୍ ଭୂତାଣୁର ମାରାତ୍ମକ
ଆକ୍ରମଣରେ ଶାରୀରିକ, ମାନସିକ, ଆତ୍ମିକ ଯନ୍ତ୍ରଣାର
ଶୀକାର ହୋଇ ମଧ୍ୟ ସମାଜର ସେବାରେ
ନିଯୁକ୍ତ ପ୍ରତ୍ୟେକ କରୋନାଯୋଦ୍ଧାଙ୍କୁ
ତାଙ୍କର ସେବା ଓ ତ୍ୟାଗର
ମହନୀୟତା ସ୍ୱୀକାର କରି
କୃତଜ୍ଞତା ସ୍ୱରୂପ
ତାଙ୍କରି ହାତରେ
ଉତ୍ସର୍ଗ କଲି ମୋର ଏହି ପ୍ରଥମ ଏକାଙ୍କିକା ସମାରୋହ,
"କରୋନାକାଳ"।

କୃତାଞ୍ଜଳୀ ପୁଟେ -
ଡଃ ସୁମିତ୍ରା ମିଶ୍ର
କୋଲଥିଆ, ଭୁବନେଶ୍ୱର, ଓଡିଶା,
୯୯୨୦୬୯୬୮୧୫

ପ୍ରାକ୍ କଥନ

ମହାମାରୀ ତ ଅନେକ ଆସିଛି ଓ ଯାଇଛି ଏ ଧରାପୃଷ୍ଠରେ। ଭୟଙ୍କର ବ୍ୟାଧି ରୂପେ ବସନ୍ତ, ମିଳିମିଳା, ଟାଇଫଏଡ୍, ପୋଲିଓ, ଯକ୍ଷ୍ମା, ହଇଜା, ପ୍ଲେଗ୍, କାଳାଜର ଆଦି ସେମାନଙ୍କର ବିଷାକ୍ତ ଫଣାରେ ଦଂଶିଛନ୍ତି ମାନବ ସମାଜକୁ, ଘାଏଲ୍ କରିଛନ୍ତି। ମାତ୍ର ହାରିଯାଇନି ମାନବ। କାରଣ ସେ ଅମୃତସ୍ୟ ପୁତ୍ରାଃ। ଈଶ୍ୱରଙ୍କ ଦିବ୍ୟଜ୍ୟୋତିର ରେଖାଟିଏ ତା ଆତ୍ମା ପ୍ରଦୀପରେ ସଦା ପ୍ରଜ୍ୱଳିତ। ଧ୍ୱଂସ ସ୍ତୂପର ପାଉଁଶ ଗଦାରୁ ଫୋନିକ୍ସ ପରି ଉଠିବା, ଈଗଲ୍ ପରି ପୁରୁଣା ନଖ, ଡେଣାକୁ ଫୋପାଡି ଦେଇ ନିଜର ଉଡ଼ାଣ ପାଇଁ ନୂଆ ଡେଣା ସୃଷ୍ଟି କରିବା ତା'ର ନିୟତ।

ଗତ ଦଶନ୍ଧିରେ ପୃଥିବୀକୁ ତ୍ରାସିତ କରିବା ପାଇଁ ଭୂତାଣୁ ରୂପ ଧରି ମାଡି ଆସିଛନ୍ତି ନୂଆ ନୂଆ ଭୂତାଣୁ, କୀଟାଣୁ, ଜୀବାଣୁ, ଯଥା; ବାର୍ଡ ଫ୍ଲୁ, ଇବୋଲା, ସାର୍ସ, ମାରସ୍, ଏଚ୍ ୱାନ୍, ଏନ୍ ୱାନ୍, ସ୍ପାନିସ୍ ଫ୍ଲୁ, ଇତ୍ୟାଦି। ମାତ୍ର ୨୦୨୦ରେ ସାରା ବିଶ୍ୱରେ ପାନ୍‌ଡେମିକ୍ ରୂପରେ ବ୍ୟାପିଥିବା କୋଭିଡ୍-୧୯ ବା କରୋନା ଭୂତାଣୁ ଥିଲା ସବୁଠୁ ଭୟଙ୍କର। ଖୁବ୍ ଦ୍ରୁତଗତିରେ ପବନରେ, ପାଣିରେ, ସ୍ପର୍ଶରେ ମାଡିଯାଇ ମହାମାରୀ କରୋନା ସାରା ବିଶ୍ୱରେ ଖେଳାଇ ଦେଇଥିଲା ଆତଙ୍କର ଭୟାନକ ବାତାବରଣ। ଗ୍ରାମ-ସହର, ରାଜ୍ୟ-ନଗର, ଦେଶ-ମହାଦେଶ ସର୍ବତ୍ର ବ୍ୟାପି ଯାଇଥିଲା ଅଦୃଶ୍ୟ ଶତ୍ରୁଟିଏ ପରି କୋଉ ସନ୍ଧିରେ ଛପି। ପ୍ରାଣ ହାରିଥିଲେ ଲକ୍ଷ ଲକ୍ଷ ଲୋକ। ବାଳ-ବୃଦ୍ଧ, ନର-ନାରୀ, ମନ୍ତ୍ରୀ-ଯନ୍ତ୍ରୀ, ନେତା-ଅଭିନେତା, ଡାକ୍ତର-ନର୍ସ, କଳାକାର-କବି, ଶାସକ-ଶାସିତ ଭେଦଭାବ ନକରି ସଭିଙ୍କୁ ନିଜ ପଞ୍ଝାରେ କବଳିତ କରି ମହାକାଳ ଅନ୍ଧାରୀ ଗୁମ୍ଫାକୁ ଫିଙ୍ଗି ଦେଇଥିଲା ମହାମାରୀ କରୋନା। ଏ ଥିଲା ଏକ ମହାବିପତ୍ତିର କାଳ, ଦ୍ରୋହ କାଳ, କରୋନା କାଳ। ଏହି କ୍ଷୁଦ୍ର କାଳାଂଶରେ ଘଟିଯାଇଥିଲା ଅନେକ ଅଭାବିତ ଘଟଣା। ସ୍ୱର୍ଗ-ମର୍ତ୍ତ୍ୟ-

ପାତାଳ, ଗଗନ-ପବନ-ସାଗର-ନଦୀ-ପର୍ବତ ସର୍ବତ୍ର ନିଜର ବିଜୟବାନା ଉଡେଇଥିବା ବୁଦ୍ଧିମାନ ମାନବ ହାରି ଯାଇଥିଲା ଏହି ଅଦୃଶ୍ୟ ଭୂତାଣୁ ପାଖରେ।

ଗୃହବନ୍ଦୀ ହୋଇ, ମୁହଁରେ ତୁଣ୍ଡୀ ବାନ୍ଧି, ହାତରେ ସାନିଟାଇଜର୍ ବୋଳି ନିର୍ବେଦ, ନିସ୍ପନ୍ଦ ହୋଇ କରୋନାର ନାଟ ଦେଖୁଥିଲା ଏ ବିଜ୍ଞାନୀ ମାନବ ସମାଜ। ରାସ୍ତାଘାଟ, ଦୋକାନ-ବଜାର, ଅଫିସ୍-ପାର୍କ, ହଲ୍-ମଲ୍, ଷ୍ଟେସନ୍-ଏଆରପୋର୍ଟ, ସର୍ବତ୍ର ଛାଇ ଯାଇଥିଲା ନିର୍ଜୀବ ନିସ୍ତବ୍ଧତା। ଭିଡ ବଢିଥିଲା ଡାକ୍ତରଖାନାରେ, ଶ୍ମସାନରେ, ସଙ୍ଗରୋଧ କେନ୍ଦ୍ରରେ, ଟୀକାକରଣ କେନ୍ଦ୍ରରେ। ଟହଲି ଯାଇଥିଲା ମାନବର ସାଧନାର ଶକ୍ତି, ଦୋହଲି ଯାଇଥିଲା ସଭ୍ୟତାର ଗାରିମାର ଅଟ୍ଟାଳିକା, ତଥାପି ଲଢିଥିଲା ମାନବ। ଦେହରେ ପି.ପି.ଇ. କିଟ୍ ପିନ୍ଧି ରିକ୍ସାବାଲା ଠାରୁ ବୈଜ୍ଞାନିକ, ଗବେଷକ, ପୋଲିସ୍, ସଫେଇବାଲା, ଡାକ୍ତର, ନର୍ସ, ମଶାଣିର ଶବଦାହକ ସଭିଏଁ ଲାଗିପଡିଥିଲେ ଯୋଦ୍ଧା ରୂପରେ ହରେଇବାକୁ ଏ ମହାମାରୀ କରୋନାକୁ।

ମୋର ଏହି ଏକାଙ୍କିକା ସମାରୋହ "କରୋନା କାଳ"ରେ ମୁଁ ଦେଖେଇଛି କେତୋଟି କରୋନା ଅଧ୍ୟୁସିତ ପରିବେଶର ଛବି। ଏଥିରେ ଅଛି ଚାରିଟି ଏକାଙ୍କିକା, 'ପୁନର୍ମିଳନ', 'ଟୀକାକରଣ', 'ଶ୍ମସାନର କୋହ' ଏବଂ 'ସଙ୍ଗରୋଧ', ଚିତ୍ରିତ ହୋଇଛି, 'କରୋନା କାଳ'ର ବୃଦ୍ଧାଶ୍ରମ, ଡାକ୍ତରଖାନା, ଟୀକାକରଣ କେନ୍ଦ୍ର, ଶ୍ମସାନ ଏବଂ କ୍ୱାରାଣ୍ଟାଇନ୍ ସେଣ୍ଟରର ଛବି। ସାଧାରଣ ରିକ୍ସାବାଲା ଠୁ ନେଇ ପଣ୍ଡିତ, ଅଫିସର୍, ବୃଦ୍ଧ-ବାଳୁତ, ପ୍ରବାସୀ ଶ୍ରମିକ, ମାତା, ପତ୍ନୀ, ପିତା, ପୁତ୍ରଙ୍କର ହୃଦୟ ବିଦାରକ ଅନୁଭୂତି ଓ ଭାଙ୍ଗିଯାଉଥିବା ସମ୍ପର୍କର ସେତୁକୁ। ଘଟଣା ଓ ଚରିତ୍ର ମାଧ୍ୟମରେ ପ୍ରକାଶ କରିବାକୁ ଚେଷ୍ଟା କରିଛି ମୁଁ ଏଇ କ୍ଷୁଦ୍ର ନାଟିକା ବା ଏକାଙ୍କିକା ଗୁଡିକରେ।

ଏହି ନାଟକ ଗୁଡିକ ରଙ୍ଗମଞ୍ଚ ଉପଯୋଗୀ। ପାଠକେ ଏହାକୁ ପଢି ଆନନ୍ଦିତ ହେଲେ, କେହି କଳାକାର ବା ନାଟ୍ୟସଂସ୍ଥା ଏହାକୁ ରଙ୍ଗମଞ୍ଚରେ ଜୀବିତ କଲେ ଲେଖିକାର ଶ୍ରମ ସାର୍ଥକ ହେବ। ଭାଷାଗତ ତ୍ରୁଟି କିମ୍ବା ଅନ୍ୟାନ୍ୟ ଦୋଷ ପାଇଁ ଲେଖିକା କ୍ଷମା ପ୍ରାର୍ଥନା କରୁଛି।

ସୁମିତ୍ରା ମିଶ୍ର

ସୂଚିପତ୍ର

ପୁନର୍ମିଳନ ୧୧

ଟୀକାକରଣ ୪୧

ଶ୍ମସାନର କୋହ ୬୩

ସଙ୍ଗରୋଧ ୮୫

ପୁନର୍ମିଳନ

ପୁନର୍ମିଳନ

- ନାଟ୍ୟ ଚରିତ୍ର -

ଅଶୋକ - ବୟସ୍କ ଭଦ୍ରଲୋକ (ବୟସ ୬୫-୭୦ ବର୍ଷ ଭିତରେ)

ପ୍ରୀତି - ଅଶୋକଙ୍କ ପତ୍ନୀ (ବୟସ ୫୫-୬୫ ବର୍ଷ ଭିତରେ)

ପ୍ରଣବ - ଯୁବକ, କମ୍ପାନୀର ସିଇଓ

ସ୍ମିତା - ପ୍ରଣବଙ୍କ ସ୍ତ୍ରୀ, ନ୍ୟୁରୋଥେରାପିଷ୍ଟ, ସ୍ମାର୍ଟ ଯୁବତୀ)

(ସ୍ଥାନ - ଯେ କୌଣସି କୋଭିଡ୍ ପ୍ରାଇଭେଟ୍ ହସ୍ପିଟାଲ୍)

- ପ୍ରଥମ ଦୃଶ୍ୟ -

(ଗୋଟାଏ ପ୍ରାଇଭେଟ୍ ହସ୍ପିଟାଲ୍‌ର ୱାର୍ଡ ବାହାର ବାରଣ୍ଡା। ପରିଷ୍କାର, ପରିଚ୍ଛନ୍ନ, ଆଲୋକିତ। ରୋଗୀଙ୍କ ପରିଜନଙ୍କ ବସିବା ପାଇଁ ଧାଡ଼ି ହୋଇ ପଡ଼ିଥିବା ଚେୟାରରୁ ଗୋଟିଏରେ ବସିଛନ୍ତି ଅଶୋକ ଷଡଙ୍ଗୀ (ବୟସ ୬୫-୭୦ ବର୍ଷ), ଦେହରେ ଧଳା ଫୁଲ୍ ସାର୍ଟ, ଧଳା ପ୍ୟାଣ୍ଟ, ଧଳା କାନଭାସ୍ ସୁ, ମୁହଁରେ ଧଳା ମାସ୍କ, ଆଖିରେ ମୋଟା ଫ୍ରେମ୍‌ର ଚଷମା। ହାତରେ ବହି ଖଣ୍ଡେ ଧରି ପଢ଼ିବାରେ ଲାଗିଛନ୍ତି। ଅଳ୍ପ ଦୂରରେ ନର୍ସିଂ ଷ୍ଟେସନ୍, ଯେଉଁଠି ନର୍ସମାନେ ନିଜର ସେବା ସାମଗ୍ରୀ ତଥା ରୋଗୀଙ୍କ ଫାଇଲ୍ ରଖିଥାନ୍ତି। ନର୍ସିଂ ଷ୍ଟେସନ୍‌ରେ ସମ୍ପୂର୍ଣ୍ଣ ପି.ପି.ଇ. କିଟରେ ଆବୃତ ଦୁଇ ଜଣ ନର୍ସ, ଚେୟାରରେ ବସି ନିଜ କାମରେ ବ୍ୟସ୍ତ। ତାଙ୍କ ସାମନାରେ ଛିଡ଼ା ହୋଇଛନ୍ତି ଜଣେ ଯୁବତୀ ସ୍ମିତା, ସ୍ମାର୍ଟ; ସୁନ୍ଦରୀ, ପୋଷାକରେ ଜିନ୍ସ ଏବଂ ଟି ସାର୍ଟ, ହାଇ ହିଲ୍, ବାଳ ଝୁଲୁଛି କାନ୍ଧ ଉପରେ। ମୁହଁରେ ମାସ୍କ, ଆଖିରେ ଗଗଲ୍ସ। ସମୟ ସକାଳ ନଅଟାରୁ ଦଶଟା ଭିତରେ।)

ସ୍ମିତା - (ନିଜ ମୋବାଇଲ୍ କାଢି ନର୍ସଙ୍କୁ କିଛି ଫଟୋ ଦେଖାଇ)
ପ୍ଲିଜ୍, ପ୍ଲିଜ୍ ସିଷ୍ଟର!!! ତିନିଦିନ ହେଲାଣି ତାଙ୍କୁ ଦେଖିନି। କ'ଣ ତାଙ୍କ ଅବସ୍ଥା ଠିକ୍‌ରେ ଜାଣିପାରୁନି। ଦୟାକରି ଏହି ରୋଗୀଙ୍କୁ ଟିକେ ମୋବାଇଲ୍‌ଟା ଦେଇ ଦିଅନ୍ତୁ। ମୋ ସହ ଟିକେ ଭିଡିଓ କଲ୍ କରାଇ ଦିଅନ୍ତୁ। ପ୍ଲିଜ୍ - ପ୍ଲିଜ୍ -

ନର୍ସ - (ମୋବାଇଲ୍‌ରୁ ଫଟୋ ଦେଖି ଆର ନର୍ସଙ୍କୁ ଦେଖାଇ ଠରାଠରି ହୋଇ କଥାବାର୍ତ୍ତା ହେଲେ ଅତି ଧୀର ସ୍ୱରରେ)

ସ୍ମିତା - (ଅଧୀର ହୋଇ)
ପ୍ଲିଜ୍, କ'ଣ ହୋଇଛି ମୋତେ କୁହନ୍ତୁ।

ନର୍ସ - (ମୋବାଇଲ୍ ଫେରାଇ ଦେଇ) ଦେଖନ୍ତୁ, ଆଇ.ସି.ୟୁ.ରେ ଥିବା ରୋଗୀମାନଙ୍କୁ ମୋବାଇଲ୍‌ରେ କଥା କହିବା ପାଇଁ ଅନୁମତି ନାହିଁ। ଆପଣ ଅପେକ୍ଷା କରନ୍ତୁ, ମୁଁ ତାଙ୍କର ଅବସ୍ଥା ବୁଝି କହୁଛି।

ସ୍ମିତା - (ନର୍ଭସ୍ ହୋଇ ମୁହଁରୁ ଝାଳ ପୋଛୁ ଥାଆନ୍ତି)
ଡକ୍ଟର ପଟ୍ଟନାୟକ କେତେବେଳେ ଆସିବେ? ସେ ଆମର ଫେମିଲି ଫ୍ରେଣ୍ଡ୍। କହିଥିଲେ ଭିଜିଟିଂ ଆୱାରରେ ତାଙ୍କ ସହ କଥା କୁହାଇବେ।

ନର୍ସ - (ବିରକ୍ତି ଭରା ସ୍ୱରରେ)
ତାହାହେଲେ ସେଇ ଡାକ୍ତରଙ୍କୁ ଅପେକ୍ଷା କରି ବସନ୍ତୁ। ମୋତେ କହିବା କ'ଣ ଦରକାର?

(ସ୍ମିତାର ବ୍ୟସ୍ତତା ଲକ୍ଷ୍ୟ କରି ଅଶୋକ ନିଜ ବହିକୁ ଚେୟାର ଉପରେ ଥୋଇ ନର୍ସିଂ ଷ୍ଟେସନ୍ ଆଡକୁ ଆସିଲେ ଧୀରେ ଧୀରେ। ତାଙ୍କର ପାଚିଲା ବାଳ ଝୁଲି ପଡିଥାଏ ମୁହଁ ଉପରେ। ଡବଲ ମାସ୍କ ପିନ୍ଧିଥାନ୍ତି ସେ।)

ଅଶୋକ- (ସ୍ମିତାଙ୍କ ପାଖରେ ଛିଡା ହୋଇ)
ମ୍ୟାଡାମ୍, ତିନି ଦିନ ହେଲାଣି ଆପଣ ଏଠି ବ୍ୟସ୍ତ ହୋଇ ବସିଥିବାର, ମୁଁ ଦେଖୁଛି। କ'ଣ କେହି ସିରିଅସ୍ ଅଛନ୍ତି?

ସ୍ମିତା - ୟା, ମୋ ହଜବ୍ୟାଣ୍ଡ କରୋନା ପୀଡିତ। ଘରେ ସାତ ଆଠଦିନ ସମ୍ପୂର୍ଣ୍ଣ ଆଇସୋଲେସନ୍‌ରେ ରହି ସବୁପ୍ରକାର ମେଡିସିନ୍ ଖାଇବା ପରେ ବି ଭଲ ନ ହେବାରୁ ହସ୍‌ପିଟାଲାଇଜ୍ କରିବାକୁ ପଡିଲା। ହେଲେ ସେବେଠୁ ସେ ଆଇ.ସି.ୟୁ. ରେ ଅଛନ୍ତି। ମୋର ତାଙ୍କ ସହ ଦେଖା ହୋଇ ପାରୁନି।

ଅଶୋକ- କାହିଁକି?

ସ୍ମିତା -	ତାଙ୍କୁ ଭେଣ୍ଟିଲେଟର୍‌ରେ ରଖାଯାଇଛି । ଅକ୍ସିଜେନ୍ କନ୍‌ସେଣ୍ଟ୍ରେସନ୍ ଲେଭଲ ୮୦ ରୁ ତଳକୁ ଖସି ଆସିଥିଲା । ଲଙ୍ଗସ୍ ଇନଫ୍ଲାମେସନ୍ ବହୁତ ବଢ଼ିଯାଇଛି ବୋଲି ଡକ୍ଟର ପଟ୍ଟନାୟକ କହିଥିଲେ ।

ଅଶୋକ-ତାଙ୍କର କ'ଣ ଆଗରୁ କିଛି ବ୍ରିଦିଂ ରିଲେଟେଡ୍ ପ୍ରୋବ୍ଲେମ୍ ଥିଲା କି ? ଯଥା ଆଜ୍‌ମା, କି ହାଇ ବ୍ଲଡ୍ ପ୍ରେସର ଇତ୍ୟାଦି ?

ସ୍ମିତା -	(ନିଜ ହ୍ୟାଣ୍ଡବ୍ୟାଗ୍‌ରୁ କିଛି ଟାବ୍‌ଲେଟ୍ କାଢ଼ି ଦେଖେଇଲେ)
ଆଜ୍‌ମା ନଥିଲା କେବେ । ହେଲେ ହାଇ ବ୍ଲଡ୍ ପ୍ରେସର୍ ପାଇଁ ମେଡିସିନ୍ ଖାଉଛନ୍ତି ତିନି ଚାରି ବର୍ଷ ହେବ । ଏଇ ଟାବ୍‌ଲେଟ୍ ମର୍ଣ୍ଣିଂରେ ଓ ଇଭନିଂରେ ଗୋଟେ ଗୋଟେ ଖାଆନ୍ତି ।

ଅଶୋକ- (ମେଡିସିନ୍‌କୁ ପରୀକ୍ଷା କରିବା ପରି ଦେଖି)
ଏ ଗୁଡ଼ା ବିଟା ବ୍ଲକ୍‌ର ମେଡିସିନ୍ । ମୁଁ ଏମାନଙ୍କୁ ଭଲଭାବେ ଜାଣେ । ମୋ ୱାଇଫ୍ ପ୍ରୀତି ବି ଦୀର୍ଘ ପନ୍ଦର ବର୍ଷ ଧରି ଏଗୁଡ଼ା ଖାଉଥିଲେ ।

ସ୍ମିତା -	(ଦୁଃଖ ଓ ସମବେଦନା ପ୍ରକାଶ କରିବା ଢଙ୍ଗରେ)
ଓଃ --- ହୋ --- ପନ୍ଦର ବର୍ଷ ? ଏବେ କେମିତି ଅଛନ୍ତି ? ତାଙ୍କୁ ବି କ'ଣ କରୋନା ?

ଅଶୋକ- ନା, ନା, କରୋନା ନୁହେଁ; ଆଉ କିଛି ସିରିଅସ୍ ----
(ନର୍ସ ଜଣକ ସ୍ମିତାକୁ ପାଟି ଚୁପ୍ କରିବା ପାଇଁ ଠାରରେ ଅନୁରୋଧ କଲେ ଓ ଦୁହିଁଙ୍କୁ ଯାଇ ବେଞ୍ଚରେ ବସିବା ପାଇଁ ନିର୍ଦ୍ଦେଶ ଦେଲେ ।)

ନର୍ସ -	ଅଶୋକ ସାର୍ !! ଆପଣ ତ ପାଞ୍ଚ/ଛଅ ବର୍ଷ ହେବ ଏଠାକୁ ଡେଲି ଆସୁଛନ୍ତି । ଆପଣ ଏ ହସପିଟାଲ୍‌ର ରୁଲ୍ ରେଗୁଲେସନ୍ ଜାଣି ବି --- ଦୟାକରି ସେଆଡେ ଯାଆନ୍ତୁ, ଆମକୁ କାମ କରିବାକୁ ଦିଅନ୍ତୁ ।
(ଦୁହେଁ ନର୍ସିଂ ଷ୍ଟେସନ୍ ପାଖରୁ ମୁହଁ ତଳକୁ ପୋତି ଚାଲି ଆସି ଦୁଇଟି ପାଖାପାଖି ଚେୟାରରେ ବସିଲେ । ଅଶୋକ ବହି ପଢ଼ିବାଆରମ୍ଭ କରିବା ବେଳକୁ -)

ସ୍ମିତା -	ଆଜ୍ଞା, ବହି ପଢ଼ା ଥାଉନା । ମୋ ସହ ଟିକେ କଥାବାର୍ତ୍ତା କରନ୍ତୁ । ଆପଣ ପାଞ୍ଚ/ଛଅ ବର୍ଷ ହେବ ରେଗୁଲାର୍ ଏ ହସ୍‌ପିଟାଲ୍ ଭିଜିଟ୍ କରୁଛନ୍ତି, ମାନେ ଆପଣଙ୍କର ଅଭିଜ୍ଞତା ନିଶ୍ଚୟ ଅଧିକ । (ଟିକେ ରହି, ନିଜର ଇମୋସନ୍‌କୁ କଣ୍ଟ୍ରୋଲ୍ କରି) ଆଇ ମିନ୍ --- ପାର୍ଡନ୍ ମି- ମୋତେ କ'ଣ ଟିକେ ସାହାଯ୍ୟ କରି ପାରିବେ ?

ଅଶୋକ- (ଦ୍ୱନ୍ଦରେ ସ୍ମିତାଙ୍କ ମୁହଁକୁ ଚାହିଁ) କି ପ୍ରକାର ସାହାଯ୍ୟ ଆଶା କରନ୍ତି ଆପଣ ?

ସ୍ମିତା - ମାନେ, ଆଇ ମିନ୍ --- ପ୍ରଣବଙ୍କୁ ଦେଖିନି ତିନି ଦିନ ହେଲାଣି। ତାଙ୍କର ଅବସ୍ଥା କ'ଣ ହେକି ଠିକ୍‌ରେ କହୁନାହାଁନ୍ତି। ଆପଣ ମୋତେ କୌଣସି ଉପାୟରେ ତାଙ୍କ ସହ ଟିକେ କଥାବାର୍ତ୍ତା କରାଇ ଦେବେ ?

ଅଶୋକ - (ନିଜ ରୁମାଲ୍‌ରେ ମୁହଁ ପୋଛି, ଚଷମା କାଚ ପୋଛିଲେ)
ଅଫ୍‌କୋର୍ସ, ଆଏ କ୍ୟାନ୍ ଟ୍ରାଏ୍। କିନ୍ତୁ କଥା କ'ଣ କି ଏ ମହାମାରୀ ଯୋଗୁଁ ଗୁଡାଏ ରେସ୍‌ଟ୍ରିକ୍‌ସନ୍ କରିଛନ୍ତି ହସ୍‌ପିଟାଲ୍ କର୍ତ୍ତୃପକ୍ଷ। କାହାରିକୁ କରୋନା ୱାର୍ଡ ଭିତରକୁ ଯିବାକୁ ପରମିଶନ୍ ନାହିଁ।

ସ୍ମିତା - (ବ୍ୟସ୍ତ ହୋଇ, ନିଜ ହାଇହିଲ୍‌କୁ ଟିକେ କଚାଡିବା ଢଙ୍ଗରେ) ବଟ୍ ଦିସ୍ ଇଜ୍ ନଟ୍ ଫେୟାର। ମାସ୍କ ପିନ୍ଧି, ସାନିଟାଇଜର୍‌ରେ ହାତ ସଫା କରି, ସୋସିଆଲ୍ ଡିଷ୍ଟାନ୍‌ସ ରଖି ମୁଁ ତ ତାଙ୍କୁ ଦେଖିବାକୁ ଯାଇ ପାରିବି ନା -

ଅଶୋକ- ଠିକ୍ ଅଛି। ଆଜି ଡକ୍ଟର ପଟ୍ଟନାୟକଙ୍କ ସହ କଥାବାର୍ତ୍ତା କରିବା। (ବହି ଖୋଲି ପଢିବାକୁ ଲାଗିଲେ)

ସ୍ମିତା - (ତାଙ୍କୁ ଗୋଟେ ଫାଇଭ୍ ଷ୍ଟାର୍ ଚକ୍‌ଲେଟ୍ ବଢେଇ ଦେଇ) ନିଅନ୍ତୁ, ଏଇଟା ଖାଆନ୍ତୁ, ଏନର୍ଜି ମିଳିବ।

ଅଶୋକ - (ଭ୍ରୂଲତା କୁଞ୍ଚିତ କରି ସ୍ମିତାକୁ ଚାହିଁଲେ)
ତୁମେ ଖାଅ, ତୁମର ଏନର୍ଜି ଦରକାର। ମୁଁ ଘରୁ ଖାଇ ଆସିଛି।

ସ୍ମିତା - ପ୍ଲିଜ୍, ନିଅନ୍ତୁ। ମୁଁ ବି ଖାଉଛି ଯେ - (ନିଜ ପାଇଁ ଆଉ ଗୋଟେ ଚକ୍‌ଲେଟ୍ ବ୍ୟାଗରୁ କାଢି ତାଙ୍କ ଆଗରେ ଦେଖେଇଲା) ମୁଁ ବି - ନିଅନ୍ତୁ। ଆଚ୍ଛା, ଆପଣଙ୍କ ୱାଇଫ୍ ---- ???

ଅଶୋକ -(ସ୍ମିତା ହାତରୁ ଚକଲେଟ୍ ନେଇ)
ମୋ ୱାଇଫ୍ - ପ୍ରୀତି। ପ୍ରୀତି ଷଡଙ୍ଗୀ ଛଅ ବର୍ଷ ହେଲାଣି କୋମାରେ। ହାଇ ବ୍ଲଡ୍ ପ୍ରେସର୍, ଷ୍ଟ୍ରୋକ୍, ହାମ୍‌ରେଜ୍, କୋମା --- (ଚକଲେଟ୍‌ର ଜରି ନିଜ ପକେଟ୍‌ରେ ପୂରେଇଲେ)

ସ୍ମିତା - ଓଃ, ଆଇ ଆମ୍ ସୋ ସରି। ଡାକ୍ତର କ'ଣ କହୁଛନ୍ତି ?

ଅଶୋକ- ଡାକ୍ତର!!! ହୁଁ। ସେମାନେ ତ କହୁଛନ୍ତି ଧୈର୍ଯ୍ୟ ଧରନ୍ତୁ। ହୁଏତ ଦିନେ ନା ଦିନେ ସେନ୍‌ସ୍ ଫେରି ପାଇ ପାରନ୍ତି --- ସେଇ ଆଶାକୁ ଆଶ୍ରୟ କରି ଆସୁଛି।

ସ୍ମିତା - କେଉଁ ଫ୍ଲୋରରେ ସେ ଅଛନ୍ତି ? ମୁଁ ଦେଖିବାକୁ ଯାଇ ପାରିବି ???

ଅଶୋକ- (ବିସ୍ମିତ ହୋଇ ତାଙ୍କ ମୁହଁକୁ ଚାହିଁ)

ତୁମେ!!! ସେଠାକୁ ଯାଇ କ'ଣ କରିବ?

ସ୍ମିତା - ଆଇ ମିନ୍ ---- ମୁଁ ଜଣେ ନ୍ୟୁରୋଥେରାପିଷ୍ଟ। ମୋର ଅଭିଜ୍ଞତା ଅଛି। ମୁଁ ଟିକେ ଖାଲି ଦେଖିବି - ଡଷ୍ଟର୍ବ କରିବି ନାହିଁ।

ଅଶୋକ- ପ୍ରଥମେ ନିଜ ହଜ୍‌ବ୍ୟାଣ୍ଡଙ୍କ କଥା ବୁଝି ସାର୍। ପରେ ଦେଖିବା।

ସ୍ମିତା - (ମୋବାଇଲ୍ କାଢି ଅଶୋକଙ୍କୁ ପ୍ରଣବ ଓ ତା'ର ଯୁଗ୍ମ ଫଟୋସବୁ ଦେଖେଇବାକୁ ଲାଗିଲେ)। ଦେଖନ୍ତୁ ନା-

ଅଶୋକ- (ବ୍ୟାଗ୍‌ରୁ ଗ୍ଲୋଭ୍‌ସ କାଢି ହାତରେ ପିନ୍ଧିଲେ ଓ ମୋବାଇଲ୍ ଧରିଲେ), କ'ଣ କରନ୍ତି ପ୍ରଣବ?

ସ୍ମିତା - ସେ ଗୋଟେ କମ୍ପାନୀର ସି.ଇ.ଓ। ତାଙ୍କର କାମ ପ୍ରେସର ବହୁତ ଅଧିକ। ସବୁବେଳେ ମିଟିଂ, କଲ୍ --

ଅଶୋକ- (ଫଟୋ ଦେଖୁ ଦେଖୁ)

ବାଃ, ଚମତ୍କାର ଫଟୋ ସବୁ। ଅତି ରିମାର୍କେବ୍‌ଲ ପରସନାଲିଟି ଆପଣ ଦୁଇ ଜଣଙ୍କର। ଖୁବ୍ ସୁନ୍ଦର। ପ୍ରଣବ ତ ଖୁବ୍ ୟଙ୍ଗ୍, ଏଇ ଯେମିତି ଥାର୍ଟି, ଥାର୍ଟି ଟୁ ଏଇମିତି ଦିଶୁଛନ୍ତି।

ସ୍ମିତା - (ବ୍ୟାଗ୍‌ରୁ ଟିସ୍ୟୁ କାଢି ଆଖିରୁ ଲୁହ ପୋଛି)

ପ୍ରକୃତରେ ପ୍ରଣବ ଏବେ ଥାର୍ଟି ଫାଇଭ୍। ଲେଟ୍ ମ୍ୟାରେଜ୍ କରିଥିଲେ। ତାଙ୍କର ଥାର୍ଟି ଟୁ ବେଳେ ଆମର ମ୍ୟାରେଜ୍ ହୋଇଥିଲା। ମୋର ମାତ୍ର ଟ୍ୱେଣ୍ଟି ଫାଇଭ୍ ହୋଇଥିଲା। ଲଭ୍ ଏଟ୍ ଫଷ୍ଟ ସାଇଟ୍।

ଅଶୋକ- ଓ.କେ। ଆଇ ଅଣ୍ଡରଷ୍ଟାଣ୍ଡ୍। ନୋ ପ୍ରୋବ୍ଲେମ୍। ଚିଲ୍‌ଡ୍ରେନ୍ ---??

ସ୍ମିତା - ନୋ - ନୋ ଇସ୍ୟୁଜ୍। ଆଇ ଡୋଣ୍ଟ ୱାଣ୍ଟ ଏ ଚାଇଲଡ୍। କ୍ୟାନ୍‌ଟ ଗିଭ ଏନଫ୍ ଟାଇମ୍।

(ମୁହଁ ତଳକୁ ପୋତିଲେ ଅପରାଧୀ ପରି)

ଅଶୋକ- ଇଟ୍‌ସ୍ ଓ.କେ। ଇଓର୍ ଲାଇଫ୍- ଇଓର୍ ଡିସିସନ୍। ନୋ ପ୍ରୋବ୍ଲେମ୍।

ସ୍ମିତା - (ଆଖିରେ ଆଉ ଗୋଟେ ଟିସ୍ୟୁ ଚାପି ଧରି)

ଏବେ ଭାବୁଛି ଡିସିସନ୍ ଭୁଲ୍ ଥିଲା। ଖୁବ୍ ଲୋନ୍‌ଲି ଲାଗୁଛି। ନୋ ୱାନ୍ ଟୁ ସେୟାର ଅର୍ କେୟାର୍।

ଅଶୋକ- (ସାନ୍ତ୍ୱନା ଦେବା ପାଇଁ ନିଜ ପାଣି ବୋତଲର ଠିପି ଖୋଲି ବଢାଇ ଦେଲେ)

(ଇମୋସନାଲ୍ ହୋଇ) ନୋ--- ନୋ--- ଡୋଣ୍ଟ ଥିଙ୍କ୍ ଲାଇକ୍ ଦ୍ୟାଟ୍।

ଆମର ଦୁଇଟି ପୁତ୍ର, ମାତ୍ର ବିପଦରେ କାହିଁ କାହାର ଦେଖା ? ସମସ୍ତେ ନିଜ ନିଜ ଜୀବନ ଜୀଇଁବାରେ ମସ୍ତ। (ନିଜ ଆଖିରୁ ଲୁହ ପୋଛି)

ସ୍ମିତା - ଓଃ --- ସରି --- ସରି --- ଆପଣଙ୍କୁ ଦୁଃଖ ଦେଲି।

(ଏହି ସମୟରେ ଡାକ୍ତର ଦୀନବନ୍ଧୁ ପଟ୍ଟନାୟକ ପଶି ଆସିଲେ। ବୟସ୍କ ଡାକ୍ତର। ଦେହରେ ଧଳା ଆପରନ୍, ମୁହଁରେ ମେଡିକାଲ୍ ମାସ୍କ, ବେକରୁ ଓହଳିଛି ଷ୍ଟେଥୋ, ହାତରେ ମୋବାଇଲ ଧରି କାନ ପାଖରେ କଥା ହେଉଛନ୍ତି)।

(ତାଙ୍କୁ ଦେଖି ସ୍ମିତା ଉଠିପଡି ଦ୍ରୁତ ଗତିରେ ତାଙ୍କ ଆଗକୁ ଚାଲି ଆସିଲା। ଆଗରେ ବାଟ ଓଗାଳିବା ଢଙ୍ଗରେ ଠିଆ ହୋଇଗଲେ, ଦୁଇ ହାତ ମେଲାଇ)।

ସ୍ମିତା - ଡକ୍ଟର ଅଙ୍କଲ୍, ପ୍ଲିଜ୍ ମୋ ପାଇଁ ୱାନ୍ ମିନିଟ୍ ଓନ୍‌ଲି।

ଡାକ୍ତର- (କାନ ପାଖରୁ ମୋବାଇଲ୍ କାଢି, ସ୍ମିତାକୁ ଚାହିଁଲେ ଟିକେ ବିରକ୍ତିରେ) ଠିକ୍ ଅଛି, ଯାହା କହିବେ ମୋ ଚେମ୍ବରକୁ ଆସନ୍ତୁ। ବାଟ ଛାଡନ୍ତୁ। ଅନେକ କାମ ଅଛି -

ଅଶୋକ- (ଧୀର ପଦପାତରେ ଡାକ୍ତରଙ୍କ ପାଖକୁ ଆସି)

ମୋ ଗୁହାରି--- କ'ଣ ହେଲା ?

ଡାକ୍ତର- ଦୁହେଁ ମୋ ଚାମ୍ବରକୁ ଆସନ୍ତୁ। ଗୁଡାଏ ସିରିଅସ୍ କେସ୍ ଅଛି। (ନର୍ସିଂ ଷ୍ଟେସନ୍‌କୁ ଯାଇ ଜଣେ ନର୍ସକୁ ଲକ୍ଷ୍ୟ କରି) ଏ ଦୁଇଜଣଙ୍କ ଫାଇଲ୍ ମୋ ଚାମ୍ବରକୁ ପଠାଅ। (ଦ୍ରୁତ ଗତିରେ ନିଜ ଚାମ୍ବରକୁ ଚାଲିଗଲେ)

ସ୍ମିତା- (ଅଶୋକଙ୍କୁ ଚାହିଁ) ଭେରି ସିରିଅସ୍ ସିଚ୍ୟୁଏସନ୍। କ'ଣ କରିବା ? କେବେ ଏ କରୋନା ରାକ୍ଷସୀ ଏ ସଂସାର ଛାଡିଯିବ ?

ଅଶୋକ- (ସ୍ମିତା ସହ ଚାଲୁ ଚାଲୁ)

ଆମେ ହିଁ ଆମର ଏ ଦୁଃସ୍ଥିତି ପାଇଁ ଦାୟୀ, ବୁଝିଲ!!! ଆମେ ପ୍ରକୃତିକୁ ବିବସ୍ତ୍ରା କରି ପକାଉଛୁ। ଧରତୀ ମାତାକୁ ହାଣି, କାଟି, ବିଦାରି ନିଜର ଲୋଭ ମେଣ୍ଟାଉଛୁଁ। ପୁଣି ଯେତେସବୁ ନିରୀହ ପଶୁ, ପକ୍ଷୀ, ଜୀବ, ଜନ୍ତୁ ସମସ୍ତଙ୍କ ଉପରେ ବଳ ପ୍ରୟୋଗ କରି ମାରି, କାଟି, ଖାଇ ଯାଉଛୁଁ। ମୋର ମନେ ହୁଏ କରୋନା ତ ପ୍ରକୃତିର ଏ ଅଭିଶାପ ମଣିଷ ଜାତି ପ୍ରତି।

ସ୍ମିତା - (ଆଗରୁ ଆସୁଥିବା ଜଣେ କରୋନା ରୋଗୀ ଓ ତା'ର ଆଟେନ୍‌ଡାଣ୍ଟଙ୍କୁ

ଆଭଏଡ୍ କରି ଦୂରକୁ ଘୁଞ୍ଚିଗଲେ ଓ ଅଶୋକ ବାବୁଙ୍କ ହାତଧରି ଟାଣିନେଲେ)

ସୋସିଆଲ୍ ଡିସ୍‌ଟାନ୍‌ସ --- ଏସ୍-ଏମ୍-ଏସ୍- ସାନିଟାଇଜର୍ - ମାସ୍କ- ସୋସିଆଲ ଡିସ୍‌ଟାନ୍‌ସ। ଏ କରୋନା କାଳର ମନ୍ତ୍ର ପରା। (ପରଦା ପତନ)

■

- ଦ୍ୱିତୀୟ ଦୃଶ୍ୟ -

(ଡାକ୍ତରଖାନାର ପାର୍କିଂ ଲଟ୍ ବାହାରେ ଏକ ଛୋଟକାଟିଆ ବଗିଚା ସାମନାରେ ପଡିଥିବା ଗୋଟିଏ ସିମେଣ୍ଟ ବେଞ୍ଚରେ ବସିଛନ୍ତି ଅଶୋକ ଓ ସ୍ମିତା। ସମୟ ଅପରାହ୍ନ ପାଞ୍ଚଟାରୁ ଛଅଟା ଭିତରେ। ପାର୍କିଂ ଲଟ୍‌ରେ ଗାଡିର ପ୍ରବଳ ଭିଡ। ମୁହଁରେ ମାସ୍କ ପିନ୍ଧି ଲୋକମାନେ ଯିବା ଆସିବା କରୁଛନ୍ତି। କେହି କେହି ଡ୍ରାଇଭର୍ ଗାଡି ବାହାରେ ଛିଡା ହୋଇ ମୋବାଇଲ୍ ଦେଖୁଛନ୍ତି ଓ କେହି ଗାଡି ଭିତରେ କାନରେ ଇଅରଫୋନ୍ ଲଗାଇ ଗୀତ ଶୁଣୁଛନ୍ତି। ଅଶୋକ ଗୋଟେ ହାତରେ ଏକ ଛୋଟ ହ୍ୟାଣ୍ଡବ୍ୟାଗ୍ ଓ ଆର ହାତରେ ଖବରକାଗଜ ଧରିଛନ୍ତି। ଅଶୋକ ଏବଂ ସ୍ମିତା କଥାବାର୍ତ୍ତାରେ ମଗ୍ନ। କୁଆଡକୁ ଧ୍ୟାନ ନାହିଁ।)

ସ୍ମିତା- ଏପରି ପରିସ୍ଥିତିରେ ଆପଣଙ୍କ ଆଡଭାଇସ୍ କ'ଣ ? ମନେ କରନ୍ତୁ, ଆପଣଙ୍କ ପୁଅ ହୋଇ ଥାଆନ୍ତା, ଆପଣ କ'ଣ କରନ୍ତେ ?

ଅଶୋକ- (ଅତ୍ୟନ୍ତ ଦୁଃଖୀ ଓ ବିବ୍ରତ ଜଣାପଡୁଥାନ୍ତି)
ଏମିତି ଏକ ପ୍ରଶ୍ନ ପଚାରିଦେଲ, ମୋ ଛାତି ଭିତରଟା ଗୋଟେ କାଚ ଗ୍ଲାସ ପରି ଝଣଝଣ ଭାଙ୍ଗିଗଲା ପରି ଲାଗିଲା। କ'ଣ କରିଥାନ୍ତି, କ'ଣ କରି ପାରିଲି ମୁଁ ? କେହି କ'ଣ ନିୟତିର ବିଧାନକୁ ଟାଳି ଦେଇ ପାରେ ?

ସ୍ମିତା - ଏପରି କଥା ଆପଣ କହୁଛନ୍ତି ? ମଣିଷ ଦୃଢଇଚ୍ଛା କଲେ ନିଶ୍ଚୟ ନିଜର ନିୟତିକୁ ସଜାଡି ପାରିବ।

ଅଶୋକ- (ତା ମୁହଁକୁ ସିଧା ସଳଖ ଚାହିଁ)

ପାରିବ? ପାରିବ ତୁମେ ତୁମ ହଜ୍‌ବ୍ୟାଣ୍ଡ ପ୍ରଣବଙ୍କ ଜୀବନ ବଞ୍ଚାଇ? ପାରିବ ମୋ ପ୍ରୀତିଙ୍କୁ କୋମାରୁ ବାହାର କରି? ମଣିଷ ସବୁ ପାରିବ! ହେ.... କି ବେକାର କଥା!!!

ସ୍ମିତା - ଆପଣ ନିତ୍ୟାନ୍ତ ଭାଗ୍ୟବାଦୀ! କର୍ମ ଅନୁଯାୟୀ ଫଳ ମିଳେ ବୋଲି ଆମର ଶାସ୍ତ୍ର କହିଛି। ତେବେ ଆମେ ସୁକର୍ମ କରି ସୁଫଳ ଆଶା କରିପାରିବା ନାହିଁ କାହିଁକି?

ଅଶୋକ- (ନିଜ ପକେଟ୍‌ରୁ ଗୋଟେ ଲଫାପା ବାହାର କଲେ)

ତୁମ ପ୍ରଣବ ଆଉ ମୋ ପ୍ରୀତି କ'ଣ ଖରାପ କାମ କରିଥିଲେ? ତୁମ ପ୍ରଣବ କଥା ମୁଁ କହି ପାରିବିନି। କିନ୍ତୁ ମୋ ପ୍ରୀତି ସାରା ଜୀବନ ନିଜକୁ ଭୁଲି ପରର ସେବା କରିଥିଲେ। ଦୁଃଖୀ ରଙ୍କୀ, ଗରିବ, ନିଖୋଜ, ଅନାଥ ପିଲାମାନଙ୍କର ମଙ୍ଗଳ ପାଇଁ ଗୋଟେ ସଂସ୍ଥା ଖୋଲି ସେମାନଙ୍କୁ ସ୍ୱାବଲମ୍ବୀ ହେବା ପାଇଁ କାମ ଶିଖାଉଥିଲେ। ଅନାଥ, ନିରୁଦ୍ଦିଷ୍ଟ ପିଲାମାନଙ୍କୁ ଖୋଜି ଖୋଜି ନିଜ ହାତଗଢା "ନିର୍ଭୟାଶ୍ରମ"ରେ ରଖି ଯତ୍ନ ନେଉଥିଲେ। କ'ଣ ଏଇ ଫଳ ପାଇବା ପାଇଁ?

ସ୍ମିତା - ଆହା ... ଏ ତ ଜଣେ ସମ୍ବେଦନଶୀଳା, ସ୍ନେହଶୀଳା ମହିଳାଙ୍କ ଜୀବନ କାହାଣୀ - ଏତେ କରୁଣ ପରିସ୍ଥିତି ତା'ର!!!

ଅଶୋକ- କେବଳ ତୁମର, ମୋର ନୁହେଁ ସ୍ମିତା, ଆମ ପରି ହଜାର, ହଜାର, ଲକ୍ଷ, ଲକ୍ଷ ଲୋକ ଏପରି ନିୟତିର କ୍ରୁର ପରିହାସର ଶିକାର ହେଉଛନ୍ତି ପ୍ରତିଦିନ। ତା ଛଡା ଏ କରୋନା କାଳରେ ତ ମଣିଷ ଗୋଟେ ଭୟଙ୍କର ଟର୍ନାଡୋ ଭିତରେ ଘୂରୁଥିବା ଶୁଖିଲା ପତର ଖଣ୍ଡିଏ ପରି ଘୂରୁଛି। କିଏ କେତେବେଳେ କେଉଁଠି ଫିଙ୍ଗି ହୋଇ ପଡୁଛି, ତା'ର କ'ଣ ପତ୍ତା ମିଳୁଛି?

ସ୍ମିତା - (ଛଳ ଛଳ ଆଖିରେ)

ଗତ କାଲି ମୋର ଜଣେ ବନ୍ଧୁର ମାତ୍ର ଛପନ ବର୍ଷୀୟା ମାଆ କରୋନାରେ ଚାଲିଗଲେ। ବିଚାରୀ ସାରାଦିନ ବୁଲି ବୁଲି କୌଣସି ଶ୍ମସାନରେ ଜାଗା ପାଉନଥିଲା। ଗୋଟେ ସେଲ୍‌ଫ ହେଲ୍‌ପ ଗ୍ରୁପ୍ ତାଙ୍କ ଡେଡ୍ ବଡିକୁ ନେଇ ନଦୀରେ ଭସାଇ ଦେବାକୁ ବସିଥିଲେ। ଭାଗ୍ୟକୁ ପୋଲିସ୍ କର୍ମୀ ତାକୁ ଉଦ୍ଧାର କରି ସତ୍ୟନଗର ମଶାଣିକୁ ନେଇଗଲେ। ସେଠି ଟିକେଟ୍ କରି ଲମ୍ବାଧାଡିରେ ରହି ରାତି ଗୋଟାଏ ବେଳେ ଶବଦାହ ହେଲା। ସବୁ ଶ୍ମସାନରେ କାଳେ ଲାଗି ରହିଛି

ଶବମାନଙ୍କର ଲମ୍ବା ଧାଡି। ଏ ପ୍ରକାର ସିଚୁଏସନ୍ କେବେ କଳ୍ପନା କରି ହେଉ ନଥିଲା।

ଅଶୋକ- (ହାତରେ ଧରିଥିବା ପେପର୍ ଖଣ୍ଡିକ ସ୍ମିତକୁ ଦେଖାଇ) ତୁମେ ନିଉଜ୍ ପେପର୍ ପଢୁଛ ? ଶ୍ମସାନରେ ପରା ଇଲେକ୍ଟ୍ରି ଚୁଲ୍ହା ସାରାଦିନ, ସାରା ରାତି ଜଳି ଜଳି ତରଳି ଗଲାଣି।

(ଏହି ସମୟରେ ହସ୍‌ପିଟାଲ୍‌ର ଦରଓ୍ୱାନ୍ ସେମାନଙ୍କ ପାଖକୁ ଆସି ସାଲ୍ୟୁଟ୍ ମାରିଲା ଏବଂ କହିଲା "ଡକ୍ଟର ଦୀନବନ୍ଧୁ ପଟ୍ଟନାୟକ ଆସିଗଲେ, ଆଜ୍ଞା।")

(ସ୍ମିତା ଦରଓ୍ୱାନ୍ ହାତରେ ଦୁଇଶହ ଟଙ୍କିଆ ନୋଟ୍ ଖଣ୍ଡେ ଗେଞ୍ଜି ଦେଲେ। ଦୁହେଁ ଉଠି ହସ୍‌ପିଟାଲ୍ ଭିତରକୁ ଚାଲିଗଲେ)

- ତୃତୀୟ ଦୃଶ୍ୟ -

(ଡାକ୍ତରଖାନାର ଆଇ.ସି.ୟୁ. ରେ ପ୍ରଣବଙ୍କ ବେଡ୍ ପାଖରେ ଛିଡା ହୋଇଛନ୍ତି ଉଭୟ ସ୍ମିତା ଓ ଅଶୋକ। ଭିଜିଟିଂ ଆଓ୍ୱାର ଯୋଗୁଁ ଆଇ.ସି.ୟୁ.ରେ ଭିଜିଟର୍‌ମାନଙ୍କ ଭିଡ ଜଣାପଡୁଛି। ପ୍ରଣବଙ୍କ ମୁହଁରେ ଲାଗିଛି ଏକମୋ ମେସିନ୍, ଆଖି ଦୁଇଟି ଛଳ ଛଳ। ବାକୀ ସମ୍ପୂର୍ଣ୍ଣ ଶରୀର ଘୋଡା ହୋଇଛି ହସ୍‌ପିଟାଲ୍ କମଳରେ, ଗୁଡାଏ ଯନ୍ତ୍ରପାତି ଏପଟେ ସେପଟେ ଲାଗିଛି।)

ସ୍ମିତା - ପ୍ରଣବ! (ମାସ୍କ ଭିଡା ଯାଇଥିବା ମୁହଁଟି ପ୍ରଣବର ମୁହଁ ପାଖକୁ ବଢେଇବା ପୂର୍ବରୁ ଭିଡି ଧରିଲେ ଜଣେ ନର୍ସ। ସ୍ମିତା ଟିକେ ଛାଟିପିଟି ହୋଇ ପ୍ରଣବର ନିକଟତର ହେବାକୁ ଚେଷ୍ଟା କରିବାରୁ ନର୍ସ ଅଶୋକଙ୍କୁ ନିର୍ଦ୍ଦେଶ ଦେଲେ ସ୍ମିତାକୁ ବାହାରକୁ ନେଇ ଯିବା ପାଇଁ, ଅଶୋକ ସ୍ମିତାର ହାତକୁ ଭିଡି ଧରି ବାହାରକୁ ନେଇ ଆସିଲେ।)

ଅଶୋକ- (ଆଇ.ସି.ୟୁ. ବାହାରକୁ ଆସି) ଏ କ'ଣ କରୁଛ ସ୍ମିତା ? ଏଇଟା କରୋନା ଓ୍ୱାର୍ଡର ଆଇ.ସି.ୟୁ। ଏଠି କାହାକୁ ପଶିବା ମନା। ଡାକ୍ତର ପଟ୍ଟନାୟକଙ୍କୁ

ଅନେକ ଖୋସାମତ କରିବା ପରେ ଦେଖିବାକୁ ଅନୁମତି ମିଳିଲା । ତୁମେ ---??

ସ୍ମିତା - (ଭାଙ୍ଗିପଡି କାନ୍ଦୁଥାନ୍ତି । ମୁହଁରେ ଚାପିଧରିଥାନ୍ତି ଗୋଟେ ରୁମାଲ । ଅଧୀର ସ୍ୱରରେ) ଓଃ... ଓଃ... କି ଅବସ୍ଥା ତାଙ୍କର!!! ମୋ ଛାତି ଫାଟି ଯାଉଛି, ଆଣ୍ଟା! ଚତୁର୍ଦ୍ଦିଗ ଅନ୍ଧାର ଦିଶୁଛି! ସତରେ କ'ଣ ସେ ଭଲ ହେବେ???

ଅଶୋକ- ଭଲ ହେବା ନ ହେବା ବର୍ତ୍ତମାନ ଡାକ୍ତରଙ୍କ ହାତରେ ବି ନାହିଁ । ଶୁଣିନ; ପଞ୍ଚାନବେ ବର୍ଷର ମା' ଭଲ ହୋଇ ଘରକୁ ଫେରିଲେ ମାତ୍ର ପଞ୍ଚାବନ ବର୍ଷର ପୁତ୍ର ଓ ବା'ବନ ବର୍ଷର ବୋହୂ ଦୁହେଁ ସ୍ୱର୍ଗବାସୀ ହେଲେ । ବର୍ତ୍ତମାନ କେବଳ ପ୍ରଭୁ ହିଁ ଭରସା । ତୁମ ଭକ୍ତିରେ ଯଦି ଶକ୍ତି ଥିବ, ପ୍ରଣବ ନିଶ୍ଚୟ ଭଲ ହୋଇ ଫେରିବେ ।

ସ୍ମିତା - (କାନ୍ଦୁ କାନ୍ଦୁ) କେତେ ଆଉ ଡାକିବି ଈଶ୍ୱରଙ୍କୁ? ସବୁ ନାମ ଧରି ଡାକିଲି । ସବୁ ଧର୍ମର ପ୍ରାର୍ଥନା ଗାଇଲି । ମନ୍ଦିର ଗଲି । ମସ୍‌ଜିଦ୍ ଗଲି । ଗୁରୁଦ୍ୱାର ବି ଗଲି । ସବୁଠି ଲକ୍‌ଡାଉନ୍ । ସବୁଠି ତାଲା, କିଏ ଶୁଣିବ ଆରତର ଗୁହାରୀ???

ଅଶୋକ- ଠାକୁର କ'ଣ ମନ୍ଦିର, ମସ୍‌ଜିଦ୍, ଗୁରୁଦ୍ୱାରରେ ଥାଆନ୍ତି ଯେ ତୁମେ ତାଙ୍କୁ ସେଇଠି ଖୋଜୁଛ? ଈଶ୍ୱର ନିଜ ଅନ୍ତର ଭିତରେ । ମନ ମନ୍ଦିରରେ । ଆଚ୍ଛା, ଖୁବ୍ ଭୋକ ଲାଗିଲାଣି । ଚାଲ, ରେଷ୍ଟୁରାଣ୍ଟ ଯିବା, କିଛି ଟିକେ ଖାଇନେଇ ପ୍ରୀତିଙ୍କୁ ଦେଖା କରିବାକୁ ଯିବା ।

ସ୍ମିତା - (ଟିକେ ଚୁପ୍ ହୋଇ) ହଁ, ଆଜି ନିଶ୍ଚୟ ଆଣ୍ଟିଙ୍କୁ ଦେଖିବି । (ହତାଶ ଗଳାରେ) ପ୍ରଣବ --- ଭଲ ହେବେନି?

(ଦୁହେଁ ଚାଲି ଚାଲି ରେଷ୍ଟୁରାଣ୍ଟକୁ ଗଲେ) ।

(ଦୃଶ୍ୟ ପଲଟି ଗଲା । ହସ୍‌ପିଟାଲ୍ ରେଷ୍ଟୁରାଣ୍ଟରେ ଗୋଟିଏ ଟେବୁଲ୍‌ରେ ଦୁଇଟି ଖାଲି ଟ୍ରେ ଓ ପାଣି ବୋତଲ ଥୁଆ ହୋଇଛି । ଖାଇବା ସମାପ୍ତ ହୋଇଛି । ସ୍ମିତା ହାତ ଧୋଇବାକୁ ଯାଇଥିବା ବେଳେ ଅଶୋକ ହାତ ଧୋଇ ସାରି ଆସି ନିଜ ବ୍ୟାଗରୁ ଲଫାପାଟିଏ କାଢି ତା ଭିତରୁ ଗୋଟେ ଫଟୋ ବାହାର କରି ଦେଖୁଥାଆନ୍ତି । ଏକ ବିଷାଦର କାଳିମା ଛାଇ ଯାଇଥାଏ ତାଙ୍କ ମୁହଁରେ)

ସ୍ମିତା - କ'ଣ ଦେଖୁଛନ୍ତି, ଦେଖାନ୍ତୁ! ପ୍ଲିଜ୍....

ଅଶୋକ- (ଫଟୋ ଖଣ୍ଡିକ ସ୍ମିତା ହାତକୁ ବଢେଇ ଦେଇ) ତୁମକୁ ଦେଖେଇବା ପାଇଁ ତ ଆଣିଛି, ସ୍ମିତା । ଦେଖ, ଅନ୍ତତଃ ପ୍ରୀତିଙ୍କ

ଏବର ଅବସ୍ଥା ଦେଖିବା ପୂର୍ବରୁ ତାଙ୍କର ପ୍ରକୃତ ଚେହେରା ଥରେ ଦେଖିଥାଅ।

ସ୍ମିତା - (ଫଟୋଟି ଦେଖି ଖୁବ୍ ମୁଗ୍ଧ ହୋଇ ଚାହିଁଥାଏ)
ଏତ ଆପଣଙ୍କ ଯୁବା ବେଳର ଫଟୋ। ବିଲ୍ କୁଲ୍ ଚିହ୍ନି ହେଉନି। ଏତେ ଗହଳ କୁଞ୍ଚୁକୁଞ୍ଚିଆ କଳା କେଶ, ନିଶ, ଲମ୍ବା କଲି!!! ଆଉ ଏ ବେଲ୍‌ବଟମ୍ ପ୍ୟାଣ୍ଟ ଆଉ ଇନ୍ କରା ହୋଇ ନଥିବା ଫୁଲ୍ ସାର୍ଟ, ଇଏତ ପୂରା ସତୁରୀ, ଅଶୀ ମସିହାର ଓଡିଆ କି ତେଲଗୁ ଫିଲ୍‌ମ ହିରୋ ପରି ଚେହେରା ଜଣା ପଡୁଛି? ଆଖି ଦୁଇଟି ଅବଶ୍ୟ ଜଣେଇ ଦେଉଚି ଇଏ ଆପଣ! କେତେ ଉଜ୍ଜ୍ୱଳ, ବୁଦ୍ଧିଦୀପ୍ତ ଆପଣଙ୍କ ଆଖି ଦୁଇଟି! ବାଃ, ଚମତ୍କାର ଦିଶୁଛନ୍ତି ଆପଣ!

ଅଶୋକ- କେବଳ ମୋତେ ଦେଖୁଥିବ ନା ଅନ୍ୟ କାହାକୁ ବି ଦେଖିବ?

ସ୍ମିତା - ଓଃ, ସ୍ୟୁର୍, ସ୍ୟୁର୍। ଆଣ୍ଟି ଆପଣଙ୍କଠାରୁ ଉଚ୍ଚତାରେ କେତେ ଛୋଟ। ମୋତେ ଲାଗୁଛି ପାଞ୍ଚ ଫୁଟ ଏକ ଇଞ୍ଚ କି ଦୁଇ ଇଞ୍ଚ ହୋଇ ପାରନ୍ତି। ଆପଣ ତାଙ୍କ ପାଖରେ ଖୁବ୍ ସ୍ମାର୍ଟ ଲାଗୁଛନ୍ତି। ମାଉସୀଙ୍କ ଗୋରା ରଙ୍ଗକୁ ନାଲି ନାଲି ଓଠ ଦୁଇଟି ତାଙ୍କୁ ଚମତ୍କାର ମାନୁଛି।

ଅଶୋକ- ଖୁବ୍ ସୁନ୍ଦର ଥିଲେ ପ୍ରୀତି ସେ ସମୟରେ। ଆଉ କାହାକୁ ଦେଖି ପାରୁଛ ଫଟୋରେ?

ସ୍ମିତା - ହଁ, ଏମାନେ ଦୁଇଜଣ ଆପଣଙ୍କ ପୁଅ। ଜଣେ ପାଖାପାଖି ସାତ, ଆଠ ବର୍ଷର, ଆଉ ଜଣେ ଚାରି, ପାଞ୍ଚ ବର୍ଷର। ଏବେ କେତେ ବଡ ହୋଇଯିବେଣି ଦୁହେଁ। ବଡଟି ମାଉସୀଙ୍କ ପରି ଓ ସାନଟି ଆପଣଙ୍କ ପରି ଦିଶୁଛି।
(ରେଷ୍ଟୁରାଣ୍ଟର ବୟ ଟ୍ରେ ଉଠେଇ ନେବା ବେଳେ ଖୋଲା ପାଣି ବୋତଲରୁ ପାଣି ଢାଳି ହୋଇଗଲା। କିଛି ପାଣି ଛିଟିକି ପଡିଲା ସ୍ମିତା ଧରିଥିବା ଫଟୋ ଉପରେ)

ସ୍ମିତା - (ବିରକ୍ତ ହୋଇ) ଧେତ୍ - ଏ କ'ଣ କଲ? ଏତେ ମୂଲ୍ୟବାନ୍ ଫଟୋଟା ...
(ବୟ "ଏକ୍‌ସକ୍ୟୁଜ୍ ମି" କହି ଚାଲିଗଲା ଅନ୍ୟ ଟେବୁଲ୍‌କୁ। ସ୍ମିତା ଦୁଇ ଚାରିଟା ଟିସୁ ଧରି ଯତ୍ନରେ ଫଟୋଟିକୁ ପୋଛିବାକୁ ଲାଗିଲେ।)

ଅଶୋକ- ବ୍ୟସ୍ତ ହୁଅନି ସ୍ମିତା, ଆଉ କ'ଣ ମୂଲ୍ୟ ଅଛି ଏ ଫଟୋର??? ରିଏଲ୍ ଲାଇଫ୍‌ରେ ତ ସମସ୍ତେ ହଜି ଗଲେଣି। ସ୍ମୃତିକୁ ଜାବୁଡି ଧରି.... (ଆଖିରେ ଟିସ୍ୟୁ ଚାପି ଧରି)

ସ୍ମିତା - (ବ୍ୟସ୍ତ ହୋଇ) ନା, ନା, କିଛି ଅସୁବିଧା ହୋଇନି। ବ୍ଲାକ୍ ଏଣ୍ଡ ହ୍ୱାଇଟ୍ ଫଟୋ ତ ! ପେପର କ୍ୱାଲିଟି ଭଲ। ବ୍ୟସ୍ତ ହୁଅନ୍ତୁନି। (ଫଟୋଟି ଅଶୋକଙ୍କୁ ଫେରେଇ ଦେଇ)

ହଁ, ଆପଣଙ୍କ ପୁଅ ଦୁଇଜଣ ଏବେ କୋଉଠି ? ସେମାନେ କ'ଣ ଆଣ୍ଟିଙ୍କୁ ଦେଖିବାକୁ ଆସୁନାହାଁନ୍ତି ?

ଅଶୋକ- (ଧୀର ସ୍ୱରରେ) ସେମାନେ ଆଉ କାହିଁ ? ଗୋଟିଏ ପୁଅ ତ ଅଛି ଆମେରିକାର ମିନେସୋଟା ସହରରେ। କେତେଥର ଆସିପାରିବ ଏତେ ଦୂରରୁ ନିଜର ଚାକିରୀ ଆଉ ପରିବାର ଛାଡି ? ପୁଣି ଏ ଲକ୍‌ଡାଉନ୍

ସ୍ମିତା - ଆଉ ପୁଅ ଜଣକ ? (ମୁହଁରେ ପ୍ରଶ୍ନବାଚୀ)

ଅଶୋକ- (ଦୁଃଖ ଭରା ସ୍ୱର)

ଏକ ଲମ୍ବା କାହାଣୀ ସେ। ମୋ ଜୀବନର ସବୁଠୁ ଦୁର୍ଭାଗ୍ୟପୂର୍ଣ୍ଣ ଦିନର କାହାଣୀ ! ଶୁଣିବ ?

ସ୍ମିତା - (ଦୋ ଦୋ ପାଞ୍ଚ ହୋଇ) ଥାଉ ନହେଲେ ..... ଆପଣଙ୍କୁ ଦୁଃଖର ସ୍ମୃତି ମନେ ପକେଇ କନ୍ଦେଇବି କାହିଁକି ? ମୁଁ ବୁଝି ପାରୁଛି - ହେଲେ ଜନ୍ମ ମରଣ ତ ବିଧାତାର ବିଧାନ। କିଏ କେତେ ଦିନ କେଉଁ ରୂପରେ ଏ ଧରା ପୃଷ୍ଠରେ ରହିବ, କିଏ ଜାଣେ - ? ?

ଅଶୋକ - ନା, ତୁମେ ଯାହା ଭାବୁଛ ସେୟା ନୁହେଁ। ଆଶିଷ ..... ଆଶିଷ .... ଈଶ୍ୱରଙ୍କ ପାଖକୁ ଯାଇଛି କି ନା ମୁଁ ଜାଣେନା, ହେଲେ ଆମକୁ ଛାଡି ଚାଲିଯାଇଛି। ନା - ନା - ବରଂ ଆମେ ତାକୁ ହଜେଇ ଦେଇଛୁଁ।

ସ୍ମିତା - (ଟିକେ ଆଶ୍ଚର୍ଯ୍ୟ ହୋଇ) କେମିତି ?

ଅଶୋକ- ବହୁ ବର୍ଷ ତଳର କଥା। ଆକାଶ ଓ ଆଶିଷ ଦୁହିଁଙ୍କୁ ଧରି ଆମେ ଦୁହେଁ ସମର ଭ୍ୟାକେସନ୍‌ରେ ବୁଲି ଯାଇଥିଲୁ ହରିଦ୍ୱାର, ଋଷିକେଶ, ଡେରାଡୁନ୍ - ହେଲେ ଫେରିବା ବେଳକୁ -

(କ୍ରୋଡ ଦୃଶ୍ୟ। ଷ୍ଟେଜ୍‌କୁ ଦୁଇଭାଗ କରାଯାଇ ଅନ୍ୟ ଭାଗରେ ଦେଖାଯିବ ଦିଲ୍ଲୀ ରେଲ ଷ୍ଟେସନ୍। ଷ୍ଟେସନ୍‌ରୁ ଗାଡି ଛାଡି ଦେଇଛି। ଏକୁଟିଆ ଚାରି ପାଞ୍ଚ ବର୍ଷର ବାଳକଟିଏ ଠିଆ ହୋଇ କାନ୍ଦୁଛି ରାହା ଧରି। ମା'.... ମା'... ରଡି କରିଚାଲିଛି। ବେଳେ ବେଳେ ବାପା.... ବାପା... ଭାଇ... ଭାଇ... ଆତୁରରେ ଡାକିଚାଲିଛି। ତା ପିଠିରେ ଗୋଟେ ଛୋଟ ସ୍କୁଲ୍ ବ୍ୟାଗ୍। ରେଳଗାଡି ଭିତରେ ବସିଛନ୍ତି ଯୁବକ ଅଶୋକ ଓ ପତ୍ନୀ ପ୍ରୀତି। ଦୁହିଁଙ୍କ ମଝିରେ ଜଣେ ସାତ, ଆଠ

ବର୍ଷର ବାଳକ ଆକାଶ। ଗୁଡାଏ ସୁଟ୍‌କେଶ, ବାସ୍କେଟ୍ ଘେରି ରହିଛି ତାଙ୍କୁ। ପ୍ରୀତି କାନ୍ଦୁଛନ୍ତି, ଅତି ବିକଳ ହୋଇ। ଡାକୁଛନ୍ତି ଆଶିଷ.... ଆଶିଷ....। ଅଶୋକ ମ୍ରିୟମାଣ ଅବସ୍ଥାରେ ଟ୍ରେନ୍‌ର ବ୍ରେକ୍ ଚେନ୍‌ଟି ଧରି ଟାଣିବାକୁ ଚେଷ୍ଟା କରୁଛନ୍ତି। ପାରୁନାହାନ୍ତି। ବିନା ବ୍ୟବହାରରେ ଲୁହା ଚେନ୍‌ଟି ଜଙ୍କ୍ ଲାଗି ହୋଇଯାଇଛି ନିଥର, ପଥର। ସାମନା ସିଟ୍‌ରେ ବସିଛନ୍ତି କେତେଜଣ ଭଦ୍ର ମହିଳା ଓ ଜଣେ ପୁରୁଷ।)

ଅଶୋକ- (ଅତି ବିକଳ ସ୍ୱରରେ) ଆଜ୍ଞା, ମୋର ସାନପୁଅ, ଖୁବ୍ ଛୋଟ, ଚାରି ପାଞ୍ଚ ବର୍ଷର ମାତ୍ର ଉଠି ପାରିଲାନି ଭିଡରେ ଟ୍ରେନ୍ ଭିତରକୁ। ଦିଲ୍ଲୀ ଷ୍ଟେସନ୍‌ରେ ରହିଯାଇଛି। ଟିକେ ଚେନ୍ ପୁଲ୍ କରିବାରେ ସାହାଯ୍ୟ କରନ୍ତୁ।

ମହିଳାମାନେ - ହଁ, ହଁ, ବଡ ଦୁଃଖର କଥା। ସମସ୍ତେ ମିଶି ଚେନ୍ ପୁଲ୍ କର। ଗାଡି ରହୁ।

ଭଦ୍ରବ୍ୟକ୍ତି - (ଅଶୋକଙ୍କ ସହ ମିଶି ଚେନ୍ ପୁଲ୍ କରିବାକୁ ଚେଷ୍ଟା କରି ବିଫଳ ହୁଅନ୍ତି। ଗାଳି କରୁଥାନ୍ତି ରେଲୱେ ଡିଭିଜନ୍‌କୁ।)

ଶଳେ, ବାଞ୍ଚୋଦ୍, ଟାଉଟର, ଇଡିଅଟସ୍। ମେଣ୍ଟେନାନ୍‌ସ ପଇସା ସବୁ ପକେଟରେ ପୂରେଇ ବସି ଯାଉଛନ୍ତି। ନହେଲେ କ'ଣ ଏ ଟ୍ରେନ୍‌ର ଏ ଅବସ୍ଥା ହୁଅନ୍ତା ? ଚେନ୍ ପୁଲ୍ କରି ହେଉନି ! ! ! ହେ ଭଗବାନ୍, କେତେ ବର୍ଷ ଧରି ଏ ଚେନ୍ ପୁଲ୍ ହୋଇନି କି ଏଥିରେ ତେଲ ଦିଆଯାଇନି କେଜାଣି। ଅଲ ଇଉସ୍ ଲେସ୍।

ଅଶୋକ- (ବ୍ୟସ୍ତ ହୋଇ) କ'ଣ କରିବା, ଆଜ୍ଞା !

ପ୍ରୀତି - (କାନ୍ଦୁ କାନ୍ଦୁ ଡବାର ଦ୍ୱାର ପର୍ଯ୍ୟନ୍ତ ଚାଲିଯାଇ)

ମୁଁ ଏଇଠୁ ଡେଇଁ ପଡିବି, କହୁଛି। ମୋ ପୁଅ .... ଆଶିଷ - (ଲମ୍ବା ରାହାରେ ଡାକ ଛାଡନ୍ତି) ଆଶିଷ -

ଅଶୋକ-(ତାଙ୍କ ପାଖକୁ ଯାଇ ତାଙ୍କୁ ଟାଣି ଆଣି ପୁଅ ଆକାଶ ପାଖରେ ବସାଇ ଦିଅନ୍ତି। ଆକାଶ ବି କାନ୍ଦୁଥାଏ ଧକେଇ ହୋଇ)

ଏଇଠି ବସ, ଆକାଶକୁ ସମ୍ଭାଳ। ମୁଁ ଯାଉଛି ଟି.ଟି. କିମ୍ବା ଗାର୍ଡ ଏମାନଙ୍କୁ କହି ଗାଡି ଯେମିତି ହେଲେ ଅଟକେଇବି। ଅଶୋକ ଚାଲିଯାଆନ୍ତି।)

(ଦୃଶ୍ୟ ପଲଟିଗଲା। ପୂର୍ବଦୃଶ୍ୟ। ଅଶୋକ ଓ ସ୍ମିତା ପୂର୍ବପରି ଆଳାପ ରତ)

ସ୍ମିତା - ତା ପରେ କ'ଣ ହେଲା ଅଙ୍କଲ୍ ? ପାଇଲେ ନି ପୁଅକୁ ?

ଅଶୋକ- (ଲମ୍ବା ଦୀର୍ଘଶ୍ୱାସ ପକାଇ, ନିଜ ପାଚିଲା ବାଳକୁ ଟାଣି)

ଯିଏ ଯାହା ଭାଗ୍ୟରେ ଥାଏ, ସେ ତାହାର ହୋଇଥାଏ, ସ୍ମିତା। ଈଶ୍ୱରଙ୍କ ନିର୍ଦ୍ଦେଶରେ ହିଁ ଆମେ କ୍ରୀଡନକ ପରି ପରିଚାଳିତ। ଅବଶ୍ୟ ମୋ ତରଫରୁ ଚେଷ୍ଟାରେ କମି କରି ନଥିଲି। ଟି.ଟି.ଙ୍କୁ ସବୁ କଥା କହି ଟ୍ରେନ୍ ତା ପର ଷ୍ଟେସନ୍‌ରେ ଅଟକାଇ ମୁଁ ଯାଇଥିଲି ଆଶିଷକୁ ଖୋଜିବାକୁ। ମାତ୍ର ସେ ନଥିଲା ....

ସ୍ମିତା - (ଚକିତ ହୋଇ) ନଥିଲା ? ? ? କୁଆଡେ ଗଲା ?

ଅଶୋକ- ଜଣେ ଭେଣ୍ଡର, ଯିଏ ପାଉଁରୁଟି ଆଉ ବିସ୍କୁଟ୍ ବିକେ, ସେ କହିଲା ଯେ କିଏ ଜଣେ ଗୋରା ଆଉ ମୋଟା ହୋଇ ଭଦ୍ରଲୋକ ତାକୁ ବୁଝେଇ ସୁଝେଇ ତାଙ୍କ ଘରକୁ ନେଇଗଲେ।

ସ୍ମିତା - ରେଲୱେ ପୋଲିସ୍‌ରେ ଖବର ଦେଲେନି ?

ଅଶୋକ- ସେ ସମୟର ଦିଲ୍ଲୀ ଷ୍ଟେସନ୍‌ର ଅବ୍ୟବସ୍ଥା, ଭିଡ କଥା କହନା। ସି.ସି.ଟି.ଭି. କ୍ୟାମେରା ବି ନଥିଲା। ପୋଲିସ୍‌ରେ ଖବର ଦେଇଥିଲି। ପୋଲିସ୍ କହିଦେଲା "ଦିନକୁ ଶହ ଶହ ଲୋକ ହଜିଯାଉଛନ୍ତି ଏଠି। ଖବର ମିଳିଲେ ଆମେ ଜଣେଇବୁ।"

ସ୍ମିତା - ଆଣ୍ଟି ବହୁତ ଭାଙ୍ଗି ପଡିଥିବେ ନା ?
(ଫଟୋଟିକୁ ନିରୀକ୍ଷଣ କରି ଦେଖିଲା)
ଅଙ୍କଲ୍, ମୋତେ ତ ଆଣ୍ଟିଙ୍କୁ କୋଉଠି ଦେଖିଲା ପରି ଲାଗୁଛି। କୋଉଠି ଦେଖିଛି ? (ମନେ ପକାଇବାକୁ ଚେଷ୍ଟା କରି)

ଅଶୋକ- ଆମେ ଓଡିଶା ଲୋକ। ବହୁତ କମ୍ ବାହାରକୁ ଯାଉଁ। ବିଶେଷତଃ ଏହି ଦୁର୍ଘଟଣାଟା ପରେ ପ୍ରାୟ ହଲିଡେରେ ଟ୍ରିପ୍ କରିବା ଛାଡି ଦେଇଥିଲୁଁ। କେବଳ ଆକାଶକୁ ଇଂଜିନିୟରିଂରେ ଆଡମିଶନ୍ ଦେବା ବେଳକୁ ପିଲାନୀ ଯାଇଥିଲୁ ଦୁହେଁ ତା ସାଙ୍ଗରେ। ସେଠି ଜଣେ କଲେଜ ବେଳର ବନ୍ଧୁ ମୋର ପ୍ରଫେସର ଥିଲେ, ତାଙ୍କ ଘରେ ରହିଥିଲୁ। ଆଉ, ମୁଁ କେତେବେଳେ କେମିତି ସେମିନାର୍, କନ୍‌ଫରେନ୍‌ସ, ସଭା ସମିତିକୁ ଯାଏ। କିନ୍ତୁ ପ୍ରୀତି ନିଜ ବଡ ଭାଇଙ୍କ ଘର ବାଲେଶ୍ୱର ଛଡା ଆଉ ପ୍ରାୟ କୁଆଡେ ଯାଆନ୍ତିନି। ତୁମେ ତାଙ୍କୁ ଦେଖିଥିବା ସମ୍ଭବ ନୁହେଁ। (ସ୍ମିତା ଖୁବ୍ ଚିନ୍ତିତ ଭାବରେ ଚାଲୁ ଚାଲୁ ଭାବୁଥାନ୍ତି। ଦୃଶ୍ୟପଟ ବଦଳି ଗଲା)
(କ୍ରୋଡ ଦୃଶ୍ୟ। ସ୍ମିତା ଓ ପ୍ରଣବଙ୍କ ଘର। ସାଜସଜ୍ଜା ଆଧୁନିକ। ପ୍ରଣବ ଲାପ୍‌ଟପ୍ ଧରି ବସିଥାଆନ୍ତି ଏକ ଟେବୁଲ୍ ଉପରେ। ସ୍ମିତା ଗୋଟାଏ ବହୁତ

ପୁରୁଣା କାର୍ଟ୍‌ନରୁ ପ୍ରଣବର ଥାକ ଥାକ ବହି ଖାତା କାଢି ବାହାରେ ରଖୁଥାନ୍ତି ।)

ପ୍ରଣବ- (ବିରକ୍ତ ହୋଇ) ସେ ଗୁଡାରେ ତୁମର କି କାମ ? କାହିଁକି ଖୋଲୁଛ ?

ସ୍ମିତା - ନାଇଁମ, ଦୀର୍ଘ ଛଅମାସ ହେଲା ଦେଖୁଛି ବନ୍ଧା ହୋଇ ଏ ପେଟିଟା ପଡିଛି ଖଟତଳେ । ପେଟିରେ କ'ଣ ଅଛି ବୋଲି ଭାବି ଖୋଲିଲି । କ'ଣ ଭୁଲ୍ କଲି ? ?

ପ୍ରଣବ - ତୁମର କ'ଣ କିଛି କାମ ନାହିଁ, ଅଡୁଆ ଘାଣ୍ଟୁଛ ?

ସ୍ମିତା - ଆଜି ତ ସନ୍ ଡେ । ହଲି ଡେ । ଏଇ ଦିନ ଟିକେ ଘରକାମ ନକଲେ ସମୟ କୋଉଠୁ ପାଇବି ? ନିଜ ଘର ଯେତେବେଳେ ସଜାଡି, ସାଇତି ରଖିବା ଦାୟିତ୍ୱ ତ ମୋର ନା ? ତୁମେ ଲ୍ୟାପ୍‌ଟପ୍‌କୁ ଛାଡିବ ନା କିଛି କରିବ ?

ପ୍ରଣବ - କର, ଯାହା କରୁଛ, କିନ୍ତୁ ମୋର ଏମ୍.ବି.ଏ. ବେଳର ବହିଗୁଡା ଫୋପାଡି ଦେବନି କି ବିକ୍ରି କରି ଦେବନି ।

ସ୍ମିତା - ନାଇଁ ମ ! ମୋତେ କ'ଣ ମୂର୍ଖ ଭାବିଲ ?

(ବହି କାଢୁ କାଢୁ ଗୋଟାଏ ଡାଏରୀ ପଡିଲା ସ୍ମିତା ହାତରେ । ବ୍ଲାକ୍ କଭର୍ ବାଲା ସୁନ୍ଦର ଡାଏରୀଟିଏ । ସ୍ମିତା ଡାଏରୀ ଖୋଲି ଏପଟ ସେପଟ କରୁ କରୁ ସେଥିରୁ ଖସି ପଡିଲା ଫଟୋଟିଏ । ବହୁତ ପୁରୁଣା ବ୍ଲାକ୍ ଏଣ୍ଡ ହ୍ୱାଇଟ୍ ଫଟୋ । ସ୍ମିତା ଫଟୋଟିକୁ ମନ ଦେଇ ଦେଖି ପ୍ରଣବ ପାଖକୁ ଗଲେ ।)

ସ୍ମିତା - ଆରେ, ଏ ତ ଖୁବ୍ ପୁରୁଣା ଫଟୋଟିଏ । ଏଇଟା ତୁମେ ନା ପ୍ରଣବ ? (ଲ୍ୟାପ୍‌ଟପ୍ ପାଖରୁ ଉଠିଆସି)

ପ୍ରଣବ - (ଫଟୋଟିକୁ ଛଡେଇ ନେଇ ଖୁବ୍ ସେଣ୍ଟିମେଣ୍ଟାଲ୍ ହୋଇ ଫଟୋଟିକୁ ଛାତିରେ ଚାପି ଧରିଲା । କଣ୍ଠ ବାକ୍ ରୁଦ୍ଧ । ଆଖିରେ ଲୁହ ଛଳ ଛଳ ।)

ଓଃ... ଓଃ... ଏ ଅମୂଲ୍ୟ ଫଟୋ ଖଣ୍ଡିକ କେଉଁଠି ଥିଲା ?

ସ୍ମିତା - (ଡାଏରୀଟିକୁ ଦେଖାଇ) ତୁମର ଏଇ ଡାଏରୀ ଭିତରେ । ଏମାନେ ଦୁଇଜଣ କିଏ ? ତୁମେ ଯାହା କୋଳରେ ବସିଛ ସେ କ'ଣ ତୁମ ମାଉସୀ ନା ଆଉ କେହି ?

ପ୍ରଣବ - (ଲୁହ ଛପାଇବାକୁ ଚେଷ୍ଟାକରି ପରଦା ଆଢୁଆଳକୁ ଚାଲିଗଲା । ଦୁଇ ମିନିଟ୍ ପରେ ଷ୍ଟେଜ୍ ଉପରକୁ ଆସି ନିଜକୁ ପ୍ରକୃତିସ୍ଥ କରି)

କ'ଣ କହିବି ତୁମକୁ ସ୍ମିତା ? ଏହାର ସତଟା ଜାଣିବାକୁ ଚାହିଁବ ? ଭୁଲ୍ ବୁଝିବ ନାହିଁ ତ ?

ସ୍ମିତା - (ଫଟୋଟିକୁ ତା ହାତରୁ ଛଡେଇ ନେଇ ପୁଣି ନିରେଖି ଦେଖିଲେ) ଏଥିରେ ତ ଡରିବା ପରି କିଛି ନାହିଁ। କେତେ ସୁନ୍ଦର ପାହାଡ, ଝରଣା। ମନେ ହେଉଛି କେଉଁ ହିଲ୍‌ଷ୍ଟେସନ୍ ହୋଇଥିବ। ଆଚ୍ଛା, ଇଏ ବାଳକଟି ଯଦି ତୁମେ ତାହାହେଲେ ଏମାନେ ଦି'ଜଣ କିଏ ? କ'ଣ ତୁମର ସମ୍ପର୍କ ସେମାନଙ୍କ ସହ ?

ପ୍ରଣବ - କହୁଛି। ବହୁତ ପୁରୁଣା କଥା। ଏ ଭଦ୍ରମହିଳା ଯାହାଙ୍କ କୋଳରେ ମୁଁ ବସିଛି, ସେ ମୋର ମା, ଆଉ ଯିଏ ତାଙ୍କର ଡାହାଣ ପାଖରେ ଛିଡା ହୋଇଛି, ସେ ମୋର ନିଜ ବଡଭାଇ ଆକାଶ।

ସ୍ମିତା - (ଆଶ୍ଚର୍ଯ୍ୟ ହୋଇ ଚାହିଁଥାଏ) ଏଁ, କ'ଣ କହୁଛ ? ମୁଁ ତ ତୁମ ମା'ଙ୍କୁ ଦିଲ୍ଲୀରେ ଦେଖିଛି। ସେତ ପୂରା ଅଲଗା ମଣିଷଟିଏ। ସେଠାରେ ତ ତୁମର କେହି ବଡଭାଇ ଭଉଣୀ ନାହାନ୍ତି। ଆମ ବାହାଘରରେ ବି କେହି ଆସି ନାହାଁନ୍ତି। ଏହା କିପରି ସମ୍ଭବ କହିଲ ?

ପ୍ରଣବ - କହୁଛି। ଧୈର୍ଯ୍ୟଧର। ମୋ ଜୀବନ ଏକ ଜଟିଳ ଗଣିତ। ମୋର ଜନ୍ମସ୍ଥାନ ଓଡିଶା। ମୋ ବାପାଙ୍କ ନାମ କି ଜନ୍ମ ଦେଇଥିବା ମା'ର ନାମ ମୋର ମନେନାହିଁ। ଆଉ ଇଏ ମୋର ନିଜ ବଡଭାଇ।

ସ୍ମିତା - (ତାଜୁବ୍ କଣ୍ଠରେ) କ'ଣ କହୁଛ ପ୍ରଣବ ? ତୁମର ଜନ୍ମିତ ମା ବାପା ଅଲଗା - ତୁମର - - ???

ପ୍ରଣବ - ...(ଚିନ୍ତିତ ହୋଇ ଚାହିଁ ରହନ୍ତି ଫଟୋକୁ)
ହଁ .... ଭାଗ୍ୟର ଖେଳ ସ୍ମିତା। ଏମାନେ ଏବେ କେଉଁଠି, କି ଅବସ୍ଥାରେ ଅଛନ୍ତି ମୁଁ ଜାଣେନା। ମାତ୍ର ପାଞ୍ଚ ବର୍ଷ ବୟସରେ ଦିଲ୍ଲୀ ଷ୍ଟେସନ୍‌ରେ ମୁଁ ହଜି ଯାଇଥିଲି। ଆମେ ଛୁଟି କଟାଇବା ପାଇଁ ହରିଦ୍ୱାର, ଋଷିକେଶ ବୁଲି ଯାଇଥିଲୁ। ଫେରିବା ସମୟରେ ଦିଲ୍ଲୀ ଷ୍ଟେସନ୍‌ରେ ସେକେଣ୍ଡ କ୍ଲାସ୍ ଡବାରେ ଚଢିବା ବେଳେ ଭିଡରେ ଚଢି ନପାରି ମୁଁ ତଳେ ରହିଯାଇଥିଲି। ମା', ବାପା, ବଡଭାଇ ଟ୍ରେନ୍‌ରେ ଚାଲି ଯାଇଥିଲେ। ମୁଁ ରାହା ଧରି କାନ୍ଦୁଥିଲି ଟ୍ରେନ୍ ଛାଡି ଦେବାପରେ.....

ସ୍ମିତା - ତୁମକୁ ନେବାକୁ ତୁମ ବାପା, ମା' ଫେରି ନଥିଲେ ?

ପ୍ରଣବ - ଜାଣେନା, ଫେରିଥିଲେ କି ନାହିଁ, ଖୋଜିଥିଲେ କି ନାହିଁ। କିଛି ଜାଣେନା, ମୋର ମନେ ଅଛି ମୁଁ ଖୁବ୍ ଜୋର୍‌ରେ ମା - ମା- ବାପା - ବାପା - ରଡି କରି କାନ୍ଦୁଥିବା ବେଳେ ଜଣେ ମୋଟା ଏବଂ ଗୋରା ଭଦ୍ରଲୋକ ମୋ

ପାଖରେ ପହଞ୍ଚି ମୋତେ ଖୁବ୍ ବୁଝାଇଥିଲେ। ଅଧଘଣ୍ଟାରୁ ଅଧିକ ଆମେ ସେଇଠି ଛିଡା ହୋଇଥିଲୁ। ମୋତେ ଭୀଷଣ ଭୋକ ଓ ଶୋଷ ହେଉଥିଲା। ସେ ମୋତେ ଡାକି ନେଇଗଲେ ଗୋଟେ ରେଷ୍ଟୋରାଁରେ ଖାଇବା ପାଇଁ। ମିଠା ଖାଇଲି। ଥମ୍ସ୍ ଅପ୍ ପିଇଲି। ପୁଣି କାନ୍ଦିବା ଆରମ୍ଭ କଲି। ସେ ମୋତେ ଗୋଟେ ଖୁବ୍ ଦାମିକା ଚକ୍‌ଲେଟ୍ ଦେଇ ମୋ ପାଟି ବନ୍ଦ କରି ନିଜ କାରରେ ତାଙ୍କ ଘରକୁ ନେଇ ଆସିଲେ। ସେ ହେଲେ ମୋର ପାଳିତ ବାପା ଗୋପାଳକୃଷ୍ଣ ମେହେଟ୍ଟା। ତାଙ୍କର କୌଣସି ସନ୍ତାନ ସନ୍ତତି ନଥିବାରୁ ମୋତେ ନିଜ ପୁଅ ପରି ପାଳିଲେ ଦୁହେଁ।

ସ୍ମିତା - ତୁମ ପାଖରେ ତୁମ ଘର ଠିକଣା ନଥିଲା ? ଫେରିବାକୁ ଚେଷ୍ଟା କଲନି ?

ପ୍ରଣବ - ନା, ପିଲାଦିନେ ମୋର ବିଶେଷ କିଛି ମନେ ନଥିଲା। କେବଳ ବାପା, ମା, ଭାଇଙ୍କ ମୁହଁ ଛଡା। ମୁଁ କେଉଁ ସହର କି ଗାଁରୁ ଆସିଛି କହି ପାରୁନଥିଲି। ମାତ୍ର ମୋ ପିଠିରେ ଥିଲା ଗୋଟେ ସ୍କୁଲବ୍ୟାଗ୍। ସେଥିରେ ମୋର କିଛି ସାର୍ଟ, ପ୍ୟାଣ୍ଟ, ଗୋଟେ ଖେଳନା କାର୍, ବନ୍ଧୁକ ଆଦି ଥିଲା। ଗୋଟେ ଲଫାପାରେ ପୂରା ହୋଇ ରହିଥିଲା ଏଇ ଫଟୋଟି। ବୋଧହୁଏ ବାପା ନିଜ କ୍ୟାମରାରେ ଉଠେଇ ଥିବେ କି ଫଟୋଗ୍ରାଫର୍ ଉଠେଇ ଥିବ, ଜାଣେନି। କିନ୍ତୁ ବାପାଙ୍କର ଫଟୋ ନଥିଲା। ଏହି ଫଟୋଟିକୁ ମୁଁ ମୋ ନିଜର ଆଇଡେଣ୍ଟିଟି ଭାବି ସାଇତି ରଖିଥିଲି।

ସ୍ମିତା - ଓଃ ! ମୋତେ ଏତେଦିନ ଯାଏ ଲୁଚେଇଥିଲ କାହିଁକି ?

ପ୍ରଣବ - ଲୁଚେଇବି କ'ଣ ସ୍ମିତା ? ମୁଁ ତ ନିଜେ ମୋ ବାପା, ମା'ଙ୍କ ନାମ କି ଠିକଣା ଜାଣି ନଥିଲି। ବଡ ଭାଇର ନାମ ଆକାଶ ବୋଲି ମନେଥିଲା। ମୁଁ ସେତେବେଳକୁ ସ୍କୁଲ ଯାଇ ନଥିଲି। ଘରେ ମା'ଙ୍କ ପାଖରୁ କ,ଭ,ମ,ୟ ଶିଖୁଥିଲି। ଭାଗ୍ୟର ଖେଳ ଭାବି ସବୁ ପଛକଥା ପାଶୋରି ଦେଲି। ଗୋପାଳକୃଷ୍ଣ ମେହେଟ୍ଟା ଜଣେ ଧନୀ ବ୍ୟବସାୟୀ ଥିଲେ। ଦିଲ୍ଲୀର କନୋଟ ପ୍ଲେସ୍‌ରେ ତାଙ୍କର ବଡ ଲୁଗା ଦୋକାନ ଥିଲା। ତାଙ୍କର ଲଜପତ୍ ନଗରରେ ଏକ ବିଶାଳ କୋଠା ଥିଲା। ମାତ୍ର ତାଙ୍କ ପତ୍ନୀ ଭାଗ୍ୟବତୀ ବେନ୍ ସନ୍ତାନହୀନା ଥିବାରୁ ମାନସିକ ଅବସାଦଗ୍ରସ୍ତ ଥିଲେ।

ସ୍ମିତା - ମୁଁ ଯେଉଁ କୋଠାକୁ ବୋହୂ ହୋଇ ଆସିଥିଲି ତାହା ତ ଜେ.ଜେ. ନଗରରେ। ଲଜପତ୍ ନଗରରେ ତ ନୁହେଁ।

ପ୍ରଣବ - ହଁ, ସ୍ମିତା, ମୋର ଡାଡି ମାତ୍ର ୫୬ ବର୍ଷ ବୟସରେ ହାର୍ଟ ଆଟାକ୍‌ରେ

ଚାଲିଗଲେ। ଖୁବ୍ ଯତ୍ନରେ ପାଳିଥିଲେ ସେ ମୋତେ। ନିଜ ସନ୍ତାନଠାରୁ ବି ଅଧିକ ସ୍ନେହ ଦେଇଥିଲେ। ମୋ ମମି ମୋତେ ଘଡିଏ ନ ଦେଖିଲେ ପାଗଳ ହୋଇ ଯାଉଥିଲେ। ମାତ୍ର ଡାଡିଙ୍କ ଡେଥ୍ ପରେ ଆମେ ସେ ଘରଟି ବିକ୍ରି କରି ମୋର ମାମୁଁ କୃଷ୍ଣକାନ୍ତ ଅଗ୍ରୱାଲଙ୍କ ଘର ପାଖରେ ଜେଜେ ନଗରରେ ଗୋଟେ ଛୋଟ ଘର କିଣି ରହିଲୁ। ସେତେବେଳକୁ ମୁଁ ଦିଲ୍ଲୀ ୟୁନିଭରସିଟିରେ ବି.କମ୍ ପଢୁଥିଲି।

ସ୍ମିତା - ଆଚ୍ଛା, ତୁମେ ବଡ ହେବାପରେ କେବେ ଏମାନଙ୍କୁ ଖୋଜିବାକୁ ଚେଷ୍ଟା କରିନ ?

ପ୍ରଣବ - ପାଠ ପଢା ସରିବା ପର୍ଯ୍ୟନ୍ତ କରି ନଥିଲି। ଏମ୍.ବି.ଏ. ସାରି ଏକ ମାଇନିଂ କମ୍ପାନୀରେ ଜଏନ୍ କଲି। ମାଇନିଂ କାମରେ ମୋତେ କେବେ କେବେ ଓଡିଶା ଯିବାକୁ ହେଉଥିଲା। କେବେ ସୁନ୍ଦରଗଡ, କେବେ କେଉଁଝର, କେବେ ମୟୁରଭଞ୍ଜ। ମୁଁ ପ୍ରାୟ ହୋଟେଲ୍‌ରେ ରହୁଥିଲି। ହେଲେ ମନେ ମନେ ଜଗନ୍ନାଥଙ୍କୁ ଗୁହାରି କରି ପ୍ରତିଥର ପୁରୀ ମନ୍ଦିର ଯାଉଥିଲି। କାଳେ କିଛି ସନ୍ଧାନ ପାଇବି। ମୋର କେବଳ ମନେଥିଲା ବାପା କେଉଁ ଏକ କଲେଜରେ ପାଠ ପଢାଉଥିଲେ। ମୁଁ ଛୋଟ ଥିବା ବେଳେ ଆମ ଘରକୁ ଅନେକ ଛାତ୍ରଛାତ୍ରୀ ଆସୁଥିଲେ ବାପାଙ୍କ ପାଖରେ ପାଠ ପଢିବା ପାଇଁ, ଟ୍ୟୁସନ୍ ପାଇଁ।

ସ୍ମିତା - (ଜଗନ୍ନାଥଙ୍କ ଉଦ୍ଦେଶ୍ୟରେ ହାତ ଯୋଡି) ଜୟ ଜଗନ୍ନାଥ। ଏବେ ତାଙ୍କର ଏଇ ଫଟୋକୁ ନେଇ ମୁଁ ଅନୁସନ୍ଧାନ କରିବି। ଏବେ ତ ଫେସ୍‌ବୁକ୍, ଇନଷ୍ଟାଗ୍ରାମ୍‌ରେ ସମସ୍ତଙ୍କ ଖବର ଜାଣି ହେଉଛି।

ପ୍ରଣବ - ଦେଖ ସ୍ମିତା, କେବଳ ମୋ ଭାଇର ନାଁ ଆକାଶ ବ୍ୟତୀତ ମୋର ଆଉ କିଛି ମନେ ନାହିଁ। ସାରା ଭାରତରେ, କି ପୃଥିବୀରେ ବୋଧେ ଲକ୍ଷେ ଲୋକ ଥିବେ ଆକାଶ ନାଁରେ। କ'ଣ ପାଇବ ?

ସ୍ମିତା- ତୁମେ ଧୈର୍ଯ୍ୟଧର। ମୁଁ ଏ ଫଟୋଟି ଅପ୍‌ଲୋଡ୍ କରି ଚେଷ୍ଟା ତ କରେଁ।

ପ୍ରଣବ - ଠିକ୍ ଅଛି। ଚେଷ୍ଟାକର। (ଫଟୋଟିକୁ ନିଜ ଛାତିରେ ଲଗାଇ, ପୁଣି କପାଳରେ ଲଗାଇ ପ୍ରଣାମ କରିବା ପରେ ସ୍ମିତାକୁ ବଢାଇ ଦିଅନ୍ତି।)

(ଦୃଶ୍ୟ ବଦଳ। ସ୍ମିତା ଓ ଅଶୋକଙ୍କ କଥୋପକଥନ ବନ୍ଦ ଥିଲା। ସ୍ମିତା ବୁଲି ବୁଲି ଅତୀତ କଥା ମନେ ପକାଉଥିବା ବେଳେ ଅଶୋକ ନିଜ ହାତରେ ଥିବା ଫଟୋଟିକୁ ବାରମ୍ବାର ଦେଖୁଥାଆନ୍ତି। ପୁଣି ବହି ଭିତରେ ରଖୁଥାଆନ୍ତି, ପୁଣି କାଢୁ ଥାଆନ୍ତି)

ସ୍ମିତା - ଅଙ୍କଲ୍, ଦେଖାଇଲେ ଟିକେ ଫଟୋଟି। (ଫଟୋଟି ନିରେଖି) ହଁ, ଇଏ ତ ପ୍ରଣବ। ଆଉ ଏଇ ମହିଳା ତାଙ୍କ ମା'। ଫଟୋରେ ଯାହାଙ୍କୁ ମୁଁ ଦେଖିଥିଲି ଇଏ ସେଇ ମହିଳା। ଆଚ୍ଛା, ଇଏ ବୋଧେ ତାଙ୍କ ଭାଇ ଆକାଶ ହୋଇଥିବେ। ତେବେ ଆପଣ???.......

ଅଶୋକ- (ଏକଦମ୍ ସ୍ତମ୍ଭୀଭୂତ) କ'ଣ କହୁଛ ସ୍ମିତା?

ଅଶୋକ- ଅର୍ଥାତ୍ ପ୍ରଣବ ମୋର .... ଆମର ଆଶିଷ....?? ହେ ଭଗବାନ! (ହାତ ଯୋଡି ମୁଣ୍ଡରେ ଲଗାଇଲେ)

ସ୍ମିତା - ଅଙ୍କଲ୍, ପ୍ରଣବଙ୍କ ପାଖରେ ମୁଁ ଯେଉଁ ଫଟୋଟି ଦେଖିଥିଲି, ସେଥିରେ ତ ଏଇ ମହିଳାଙ୍କ କୋଳରେ ସେ ବସିଥିଲେ। ପ୍ରନବ କହୁଥିଲେ ସେ ତାଙ୍କର ନିଜ ମା। ସେ ଦିଲ୍ଲୀ ଷ୍ଟେସନ୍‌ରେ ହଜି ଯାଇଥିଲେ।

(ପରଦା ପତନ)

- ଚତୁର୍ଥ ଦୃଶ୍ୟ -

(ସେହି ଡାକ୍ତରଖାନାର କୋମା ପେସେଣ୍ଟ ରହୁଥିବା ୱାର୍ଡ। ଅଶୋକଙ୍କ ପତ୍ନୀ ପ୍ରୀତିଲତା ଷଡଙ୍ଗୀ ସେହି ୱାର୍ଡରେ ଗୋଟିଏ ବେଡ୍‌ରେ ଶାୟିତ ଅବସ୍ଥାରେ। ତାଙ୍କ ଦେହରେ ବିଭିନ୍ନ ନଳୀ ଖଞ୍ଜା ଯାଇଛି, ଯେମିତି କୋମା ପେସେଣ୍ଟମାନଙ୍କ ପାଇଁ ରହିଥାଏ।

ମୁହଁରେ ମାସ୍କ ପିନ୍ଧି ପ୍ରୀତିଙ୍କ ବେଡ୍ ପାଖରେ ଛିଡା ହୋଇଛନ୍ତି ସ୍ମିତା ଓ ଅଶୋକ। ଅଶୋକ ଭାବପ୍ରବଣ ହୋଇ ପ୍ରୀତିଙ୍କ ସହ କଥାବାର୍ତ୍ତା କରୁଛନ୍ତି।)

ଅଶୋକ- (ପ୍ରୀତିଙ୍କ ହାତକୁ ନିଜ ହାତରେ ଚାପିଧରି)

ପ୍ରୀତି, ପ୍ରୀତି ଦେଖ, ତୁମ ପାଖକୁ କିଏ ଆସିଛି? ଥରେ ମାତ୍ର ଆଖି ଖୋଲ ପ୍ରୀତି। ତୁମର ସାରା ଜୀବନର ଦୁଃଖର ଅବସାନ ହେବ। ଥରେ ଆଖି ଖୋଲି ଦେଖ।

ସ୍ମିତା - (ଅଶୋକଙ୍କୁ ସାନ୍ତ୍ୱନା ଦେବା ଭଙ୍ଗୀରେ କାନ୍ଧକୁ ଆଉଁସୁ ଥାଆନ୍ତି। ପ୍ରୀତିଙ୍କୁ ନିରେଖି ଦେଖୁ ଥାଆନ୍ତି।)

ଅଙ୍କଲ୍, ମୋତେ ଲାଗୁଛି ଆଣ୍ଟି ଆପଣଙ୍କ କଥା ଶୁଣି ପାରୁଛନ୍ତି। ତାଙ୍କର

ବ୍ରେନ୍‌ର ଅନେକ ସେଲ୍ ଡରମାଣ୍ଟ ଥିଲେ ବି କିଛି କିଛି ଆକ୍‌ଟିଭ୍ ଅଛନ୍ତି। ସେ ରେସ୍‌ପନ୍‌ସ ଦେଇ ପାରୁନାହାନ୍ତି। ମାତ୍ର ରିସିଭ୍ କରୁଛନ୍ତି।

ଅଶୋକ- ସତରେ ? ପ୍ରୀତି ଶୁଣି ପାରୁଛନ୍ତି ମୋ କଥା ? ତାହେଲେ ଏ ଖୁସି ଖବରଟା ତାଙ୍କୁ ଶୀଘ୍ର ଦେଇଦିଏଁ।

ସ୍ମିତା - ସାବଧାନ ! ଓଭର ହ୍ୱେଲ୍‌ମ ହୋଇ ପାରନ୍ତି !

ଅଶୋକ- ପ୍ରୀତି, ପ୍ରୀତି, ଶୁଣ ମ ! ତୁମ ଆଶିଷକୁ ମୁଁ ଫେରି ପାଇଛି। ଆଶିଷ ଏଇଠି ତୁମରି ପାଖରେ ଅଛି। ଆଉ ଜାଣିଛ ମୋ ପାଖରେ ଏଇନେ ତୁମକୁ ଦେଖିବାକୁ କିଏ ଠିଆ ହୋଇଛି ? ତୁମ ବୋହୂ ସ୍ମିତା -

ସ୍ମିତା - (ପ୍ରୀତିଙ୍କ ବାଳ ସାଉଁଳେଇ) ମା...... ମା...... ମା.....

ଆଖି ଖୋଲ ମା, ମୁଁ ତୁମର ବୋହୂ, ତୁମ ଆଶିଷର ପତ୍ନୀ। ଥରେ ତ ଦେଖ।

(ପ୍ରୀତି ଆଖି ଖୋଲନ୍ତି ନାହିଁ, ପୂର୍ବପରି ପଡି ରହିଥାନ୍ତି।)

ଅଶୋକ- ବୁଝିଲ ପ୍ରୀତି, ଈଶ୍ୱରଙ୍କ ଏ ଅପୂର୍ବ ଲୀଳା। ଏ ହାତରେ ଦେଇ ସେ ହାତରେ ନେଇଯିବା ପାଇଁ ତାଙ୍କର ଏ କି ଯୋଜନା। ତୁମ ଆଶିଷ ଏଇ ହସ୍‌ପିଟାଲ୍‌ରେ ପଡିଛି, ପ୍ରୀତି। କରୋନା ରୋଗରେ ଏବେ ସେ ମରଣ ସାଙ୍ଗରେ ଯୁଦ୍ଧ କରୁଛି। ଡାକ୍ତର କହୁଛନ୍ତି ତା'ର ଲଙ୍ଗ୍‌ସ କରୋନା ଭୂତାଣୁ ଦ୍ୱାରା ଆକ୍ରାନ୍ତ ହୋଇ ନଷ୍ଟ ହୋଇ ଯାଇଛି। ତା'ର ଏକ ନୂଆ ଫୁସ୍‌ଫୁସ୍ ଦରକାର। କ'ଣ କରିବି ? (କାନ୍ଦ କାନ୍ଦ ଭାବ। ଆଖିରୁ ଝରି ପଡିଲା ଲୁହ।)

ସ୍ମିତା - (ଟିସ୍ୟୁ ଧରି ନିଜ ଆଖିକୁ ଚାପି ଧରିଲା।)

ମୁଁ ଆପଣଙ୍କୁ ସେ ଫଟୋ କଥା ନ କହିଥିଲେ ଭଲ ହୋଇଥାନ୍ତା। ଅନ୍ତତଃ ଆପଣ ନିଶ୍ଚିନ୍ତ ହୋଇଥାଆନ୍ତେ ଯେ ଆପଣଙ୍କ ପୁଅ କେଉଁଠି ନା କେଉଁଠି ସଂସାରରେ ରହିଛି। ଆଶା ଥାଆନ୍ତା ମନରେ ଦିନେ ତ ଦେଖା ହେବ।

(ଅଶୋକ ସ୍ମିତାର ବାହୁକୁ ନିଜ ହାତରେ ଚାପି ଧରି ବ୍ୟାକୁଳ କଣ୍ଠରେ କହିଲେ)

ଅଶୋକ- ନା- ନା-, ଆମ ଆଶିଷ ଆଜି ଆମରି ଆଖି ସାମନାରେ.... ଅଥଚ.... ନା... ନା.. ମୁଁ ତାକୁ ଯିବାକୁ ଦେବିନାହିଁ। ଦେଇ ପାରିବି ନାହିଁ। ପ୍ରୀତିର ଆତ୍ମା ମୋତେ ଭୂତ ହୋଇ ଗୋଡେଇବ। ଜାଣିଛ ସ୍ମିତା, ପ୍ରୀତିଙ୍କର କାହିଁକି ଏ ଅବସ୍ଥା ?

ସ୍ମିତା - କାହିଁକି ? ଜାଣିବାର ଅଧିକାର କ'ଣ ମୋର ଅଛି ?

ଅଶୋକ- (ସ୍ମିତାକୁ କୋମା ୱାର୍ଡ ବାହାରକୁ ନେଇ ଏକ ବେଞ୍ଚରେ ବସାଇ ଦେଇ) ତୁମେ ତ ଦେଖିଲ ପ୍ରୀତିର ଅବସ୍ଥା। ଦୀର୍ଘ ଛଅ ବର୍ଷ ହେଲା ତା'ର ଏ ଶରୀର ଏଇମିତି ନିଥର ହୋଇ ପଡି ରହିଛି। ହୁଏତ କୌଣସି ବିଶେଷ ଉଦ୍ଦେଶ୍ୟରେ। ପ୍ରୀତି ଏମିତି ନଥିଲେ। ଆଶିଷକୁ ହଜାଇ ଦେବାର ଦୁଃଖ ତାଙ୍କୁ ମାନସିକ ଅବସାଦଗ୍ରସ୍ତ କରି ପକାଇଥିଲା ସତ ମାତ୍ର ସେ ପୁଣି ନିଜକୁ ଆତ୍ମସ୍ଥ କରି ନିଜ ଜୀବନକୁ ଏକ ସତ୍‌କର୍ମରେ ଲଗେଇଦେଇଥିଲେ। ନିଖୋଜ ପିଲାମାନଙ୍କୁ ଖୋଜି ବାହାର କରିବା ପାଇଁ ଇଣ୍ଟରନେଟ୍‌ରେ ଗଢିଥିଲେ ଏକ ୱେବ୍‌ସାଇଟ୍ **"www"** ସେଇ ମାଧ୍ୟମରେ କୌଣସି ହଜିଯାଇଥିବା ପିଲାର ସନ୍ଧାନ କରୁଥିଲେ ସେ ନିଜର ସହକର୍ମୀମାନଙ୍କୁ ଲଗାଇ। ଯିଏ ମିଳୁଥିଲା ତାଙ୍କ ପାଖକୁ ଯାଇ ନିଜେ ତା'ର ପରିବାର ସହ ତାଙ୍କୁ ମିଳେଇ ଦେଉଥିଲେ ସେ।

ସ୍ମିତା - ତେବେ, ଏ ଅବସ୍ଥା.... ? ?

ଅଶୋକ- କହୁଛି ଶୁଣ।

(କ୍ରୋଡ ଦୃଶ୍ୟ। ଛଅ ବର୍ଷ ତଳର ଅତୀତ। ଅଶୋକଙ୍କ ଘର। ସାଧାରଣ ସାଜସଜ୍ଜା। କାନ୍ଥରେ ଆକାଶ, ଆଶୀଷ ଦୁଇ ପୁତ୍ରଙ୍କର ପିଲାବେଳର ବିଭିନ୍ନ ପୋଜ୍‌ର ଫଟୋ ଟଙ୍ଗା ହୋଇଛି।ଗୋଟେ ଷ୍ଟଡି ଟେବୁଲ୍ ପାଖରେ ଡାଏରୀଟିଏ ଧରି ଲେଖା ଲେଖି କରୁଛନ୍ତି ପ୍ରୀତି। ସାମନାରେ ଲ୍ୟାପ୍‌ଟପ୍। ପ୍ରୀତିଙ୍କ ପରିଧାନ ଶାଢୀ। ବାଳ ସାମାନ୍ୟ ଧଳା ହୋଇ ଆସୁଛି ସାମନା ସୁନ୍ଥା ଓ କାନମୂଳରୁ। ଘର ଭିତରକୁ ପଶି ଆସିଲେ ଅଶୋକ। ହାତରେ ଗୋଟେ ଇଂଲିସ୍ ନିଉଜ୍‌ପେପର।)

ଅଶୋକ- (ପ୍ରୀତିଙ୍କୁ ଇଂଲିସ୍ ପେପର୍‌ଟିର ଗୋଟିଏ ଖବର ଦେଖାଇ) ପଢିଛ ? ? ଆଜିର ଏ ଖବର ? ଓଡିଶା ପୋଲିସ୍ ବିଭାଗ ଷ୍ଟାଟିଷ୍ଟିକ୍‌ସ ଅନୁଯାୟୀ ଗତ ପାଞ୍ଚ ବର୍ଷ ଭିତରେ ଓଡିଶାରୁ ପାଞ୍ଚହଜାର ସାତଶହ ସତେଇଶ (୫,୭୨୭) ଜଣ ପିଲା ନିଖୋଜ ହୋଇଛନ୍ତି। ସେମାନଙ୍କ ଭିତରୁ ମାତ୍ର ୭୬ ଜଣଙ୍କୁ ଟ୍ରେସ୍ କରାଯାଇ ପାରିଛି। ତୁମେ

ପ୍ରୀତି - (ନିଜ ଡଏରୀରୁ ମୁହଁ ଟେକି) ଠିକ୍ ଅଛି। ତୁମେ କ'ଣ ଚାହୁଁଛ, ପୋଲିସ୍ ନୀରବରେ ହାତବାନ୍ଧି ବସିଛି ବୋଲି ଆମେ ସମସ୍ତେ ବି ଚୁପ୍ ଚାପ୍ ବସିଯିବା। କିଛି କରିବା ଦରକାର ନାହିଁ ?

ଅଶୋକ- ନା, ନା, ତୁମେ ଭୁଲ୍ ବୁଝୁଛ। ମୁଁ ନୀରବରେ ବସିବା କଥା କହୁନାହିଁ। କିନ୍ତୁ ମୋତେ ଡର ଲାଗୁଛି ତୁମ ପାଇଁ। କେତେଥର ତୁମକୁ ଧମକ୍ ଭରା ଫୋନ୍ କଲ୍ ଆସିଲାଣି, କହିଲ? ମୁଁ ତ କଲେଜ କାମରେ ବ୍ୟସ୍ତ। ତୁମର ସୁରକ୍ଷା ପାଇଁ ମୁଁ ସବୁବେଳେ ଚିନ୍ତିତ।

ପ୍ରୀତି- (ଉଠି ପଡି) ବାସ୍, ବାସ୍। ମୋ ପାଇଁ ଚିନ୍ତା କରିବା ତୁମର ଦରକାର ନାହିଁ। ଆଲୋକ ଆମେରିକା ଚାଲିଯିବା ପରେ ମୋର ଆଉ କୌଣସି ସାଂସାରିକ ଦାୟିତ୍ୱ ବାକି ନାହିଁ। ମୁଁ କେବଳ ମୋ ଆଶିଷକୁ ହଜେଇ ଦେଇଥିବା ଦୁଃଖ ଭୁଲିବା ପାଇଁ ଏ ସମସ୍ତ ଚେଷ୍ଟା କରୁଛି।

ଅଶୋକ- (ନିଜ ଫୋନ୍‌ରୁ କିଛି ଭିଡିଓ ଦେଖାଇ) ଦେଖ, ଏ ପ୍ରକାର ଧମକ ଭରା ଭିଡିଓ ମୋ ପାଖକୁ ବି ଆସିଛି। ତୁମେ ସେଇ ପାଞ୍ଚବର୍ଷ ବାଳିକାର ଅପହରଣ କେସ୍‌ଟାକୁ ଫଲୋ କରି ଯେଉଁଠି ପହଞ୍ଚିଲ, ସେମାନେ ଗୋଟେ ଗ୍ୟାଙ୍ଗଷ୍ଟର ଗ୍ରୁପ୍। ଲୁଣ୍ଠନ, କିଡ୍‌ନ୍ୟାପ୍, ମର୍ଡର ଏ ସବୁ ସେମାନଙ୍କ ପାଇଁ ଖେଳ। ମଣିଷ ଜୀବନର ମୂଲ୍ୟ ସେମାନେ ବୁଝନ୍ତି ନାହିଁ। ଟଙ୍କା ପାଇଁ ସବୁ କିଛି କରି ପାରନ୍ତି ସେମାନେ, ଜାଣିଛ?

ପ୍ରୀତି - ଜାଣିଛି। ଏଇମିତି କେତେ ଗୁଣ୍ଡା, ଗ୍ୟାଙ୍ଗଷ୍ଟରଙ୍କ କବଳରୁ ମୁଁ ଉଦ୍ଧାର କଲିଣି ପାଖାପାଖି ଚାରିଶହ ନାବାଳକ, ନାବାଳିକା। ଅନେକଙ୍କୁ ଫେରେଇ ପାରିଛି ସେମାନଙ୍କ ପରିବାର। ଯେଉଁମାନେ ଫେରି ପାଇନାହାନ୍ତି, ତାଙ୍କ ନିଜ ପରିବାର, ସେମାନଙ୍କୁ ମୁଁ ଆଶ୍ରୟ ଦେଇଛି ମୋର "ନିର୍ଭୟାଶ୍ରମ"ରେ। ସେମାନେ ସମସ୍ତେ ଆମରି ସନ୍ତାନ ବୋଲି ମୁଁ ଗ୍ରହଣ କରି ନେଇଛି। ସେଇମାନଙ୍କ ସୁଖ, ସୁବିଧା, ପାଠପଢା ପାଇଁ ସବୁ ପ୍ରକାର ବ୍ୟବସ୍ଥା କରି ମୁଁ ମୋ ପାପର ପ୍ରାୟଶ୍ଚିତ କରୁଛି।

ଅଶୋକ- (ବ୍ୟଗ୍ରତାର ସହ ତାଙ୍କ ପିଠି ଆଉଁସି ଦେଇ)

ତୁମେ ବା ଆମେ କିଛି ପାପ କରି ନାହାଁନ୍ତି ପ୍ରୀତି। ଆଶିଷ ଆମଠାରୁ ଦୂରେଇ ଯିବା ଥିଲା ଭାଗ୍ୟର ନିର୍ଦ୍ଦେଶ। ତୁମେ ତ ନିଜେ କେତେ ଚେଷ୍ଟା କଲ ତାକୁ ଖୋଜିବା ପାଇଁ,

ଈଶ୍ୱର କରନ୍ତୁ, ସେ ଯେଉଁଠି ବି ଅଛି ଭଲରେ ଥାଉ।

ପ୍ରୀତି - (ଅନ୍ୟମନସ୍କ ହୋଇ - ଧୀରେ ଧୀରେ ଆଶିଷର ଫଟୋ ପାଖକୁ ଯାଇ ଫଟୋକୁ ଆଉଁସି ଦିଅନ୍ତି)

କେଉଁଠି ଥିବ ଆଶିଷ? କେହି ଭଦ୍ରଲୋକ ତାକୁ ସାହାର ଦେଇଥିବେ ନା

କେଉଁ ଗୁଣ୍ଡାଦଳ ତାକୁ ଉଠେଇ ନେଇ ଭିକ୍ଷାବୃତ୍ତିରେ ଲଗାଇଥିବ କେଜାଣି - (ଆଖିରୁ ଲୁହ ଗଡୁଥାଏ ଧାର ଧାର) ଆଶିଷ-- ଆଶିଷ, ମୋ ଧନ, ମୋତେ ଥରେ ଦେଖା ଦେ ବାପା -

ଅଶୋକ- (ପ୍ରୀତିଙ୍କ ହାତଧରି ବସାଇଦେଇ, ପାଣି ପିଇବାକୁ ଦିଅନ୍ତି)

ଅତୀତକୁ ଆଉ ଘାଣ୍ଟନା ପ୍ରୀତି। ଡୋଣ୍ଟ୍ କ୍ରାଏ ଓଭର ସ୍ପିଲ୍ଟ ମିଲ୍କ। ତୁମେ ଯେଉଁ ଧକ୍କା ଖାଇବା ଦ୍ୱାରା ଏତେ ନିଖୋଜ ଶିଶୁଙ୍କର ମଙ୍ଗଳ କରୁଛ, ଈଶ୍ୱର ନିଶ୍ଚୟ ତା'ର ପ୍ରତିବଦଳରେ ତୁମକୁ ଆଶୀର୍ବାଦ ଦେବେ। ହେଲେ ପ୍ରୀତି - ଗତ କିଛିଦିନ ହେଲା ମୋତେ କାହିଁକି ଗୋଟେ ଭୟର କଳାଛାଇ ମାଡି ବସିଛି। ପାଞ୍ଚ ବର୍ଷର ଝିଅ ମୀନା କ'ଣ ଆଉ ଜୀବନରେ ଥିବ? ସେ ଗ୍ୟାଙ୍ଗର ନେତାକୁ ପୋଲିସ୍ ଧରିବା ପରେ ସେମାନେ ଯେ ତୁମ ଉପରେ କି ପ୍ରକାର ପ୍ରତିଶୋଧ ନେବାର ଯୋଜନା କରୁଥିବେ କିଏ ଜାଣେ !

(ଏହି ସମୟରେ ତାଙ୍କ ଘର ଭିତରକୁ ପଶି ଆସିଲା ଜଣେ ପିଅନ ଶ୍ରେଣୀର ଲୋକ। ଦୌଡି ଦୌଡି ଆସିଥିବାର ଧଁ ସଁ ହୋଇ ପଡିଥାଏ। ଅଶୋକଙ୍କୁ ଜାବୁଡି ଧରିଲା ଭୟରେ)

ପ୍ରୀତି - (ବିବ୍ରତ ହୋଇ) କ'ଣ ହେଲା ବୈକୁଣ୍ଠ, ଥରୁଛୁ କାହିଁକି ?

ବୈକୁଣ୍ଠ- (ଅଶୋକଙ୍କ ହାତରୁ ପାଣି ପିଇ)

ମା'.... ମା'... ସବୁ ଶେଷ ହୋଇଗଲା ମା! ତୁମ ସ୍ୱପ୍ନ, ତୁମ ସଂସାର ଧ୍ୱଂସ ହୋଇଗଲା ମା !

ପ୍ରୀତି - (ତାକୁ ଜୋର୍‌ରେ ହଲେଇ ଦେଇ)

ଆରେ କ'ଣ ହେଲା କହ!! ଏତେ ଭୂମିକା କରନା !

ବୈକୁଣ୍ଠ- (ନିଜ ଛାତିକୁ ପିଟି)

ମା'... ବାପା.... କିଏ ଗୁଣ୍ଡାମାନେ ବାଇକ୍‌ରେ ଆସି ଆମ 'ନିର୍ଭୟାଶ୍ରମ' ଉପରକୁ ତିନି ଚାରିଟା ହାତ ବୋମା ଫୋପାଡି ଦେଲେ। ଘରର ଝରକା, କବାଟ ସବୁ ଭାଙ୍ଗିରୁଜି ବିକ୍ଷିପ୍ତ ହୋଇ ପଡିଛି। ଆମ ଦୀନବନ୍ଧୁର ମୁଣ୍ଡଫାଟି କଣା ହୋଇ ଯାଇଛି। ଆହୁରି କିଛି ପିଲାଙ୍କ ଦେହ ହାତରେ ବହୁତ କାଚ ପଶି ଖଣ୍ଡିଆ ଖାବରା ହୋଇ ଯାଇଛି। ତୁମେ ଶୀଘ୍ର ଚାଲ ମା...

ପ୍ରୀତି - (ଦେହ ଥରୁଥାଏ)

କ'ଣ କହୁଛ ବୈକୁଣ୍ଠ ? (ଅଶୋକଙ୍କୁ ଡବଡବ କରି ଛାହିଁ ଥାନ୍ତି) କ'ଣ

କରିବି ? ଓଃ... ଓଃ... କି ପାପୀ... ଏମାନେ.... ତୁମେ ପୋଲିସ୍ କୁ ଖବର ଦିଅ। ମୁଁ ଆସୁଛି।

ଅଶୋକ- (ପ୍ରୀତିଙ୍କୁ ଅଟକାଇ)

ରୁହ, ପୋଲିସ୍‌କୁ ଫୋନ୍ କରି ସାରି ମୁଁ ବି ତୁମ ସାଙ୍ଗରେ ଯିବି। ବ୍ୟସ୍ତ ହୁଅନା। ତୁମର ହାଇ ବ୍ଲଡ୍ ପ୍ରେସର୍... ଧୈର୍ଯ୍ୟଧର। ସବୁ ଠିକ୍ ହେବ...

ପ୍ରିତି - ତୁମେ ଆସ। ମୋତେ ଗାଡି ଚାବି ଦେଲ...

(ଧାଇଁ, ଧାଇଁ ଗାଡି ଚାବିଟା ବେଡ୍‌ରୁମ୍‌ରୁ ଆଣି ସିଢିରେ ଦ୍ରୁତପଦକ୍ଷେପରେ ଓହ୍ଲେଇବା ବେଳେ ଧଡ୍ ଧାଡ୍ ଖସି ପଡି, ଗଡି ଗଡି ଗଡି ପଡିଲେ ପାହାଚର ତଳେ, ଚେତାଶୂନ୍ୟ ହୋଇ। ଅଶୋକ ଓ ବୈକୁଣ୍ଠ ଧାଇଁ ଧାଇଁ ତାଙ୍କୁ ଉଠାଇବାକୁ ଚାଲିଗଲେ।)

(ଦୃଶ୍ୟ ପରିବର୍ତ୍ତନ)

(ପୂର୍ବ ଦୃଶ୍ୟ। ଅଶୋକ ଏବଂ ସ୍ମିତା ହସପିଟାଲ୍‌ର କୋମା ସେଣ୍ଟର ୱାର୍ଡ ବାରଣ୍ଡାରେ ବସି କଥା ହେଉଛନ୍ତି)

ସ୍ମିତା- ଓଃ... ! ତେବେ ସେଇଠୁ କ'ଣ ? ? ?

ଅଶୋକ- ହଁ, ସେଦିନ ସେଇ ଯେ ପ୍ରୀତି ପାହାଚରୁ ଗଡି ତଳେ ପଡିଗଲେ ଆଉ ଚେତା ହରାଇଲେ, ସେବେଠୁଁ ପଡିଛନ୍ତି କୋମାରେ। ଡାକ୍ତରଖାନା ନେଇ ଆସିଲୁ ଆମ୍ବୁଲାନ୍‌ସ ଡକାଇ। ଯେତେ ଚେଷ୍ଟା କଲେ ବି ଆଉ ତାଙ୍କର ଚେତା ଫେରି ନଥିଲା। ଡାକ୍ତର କହିଲେ ହାଇ ବ୍ଲଡ୍ ପ୍ରେସର୍ ଯୋଗୁଁ ବ୍ରେନ୍‌ରେ ଟ୍ରୋମା ହୋଇଛି। ଯଦି ଚାଲି ଯାଇଥାାନ୍ତେ, ହୁଏତ ତାଙ୍କର ଦୁଃଖର ଅନ୍ତ ହୋଇଥାନ୍ତା। କିନ୍ତୁ ଈଶ୍ୱର ତାଙ୍କୁ ଏଇମିତି ବ୍ରେନ୍ ଡେଡ୍ କରି ପକାଇ ରଖିଛନ୍ତି ଛଅବର୍ଷ ହେଲାଣି।

ସ୍ମିତା - ଆପଣ ପ୍ରତିଦିନ ଆସୁଛନ୍ତି ଓ ଏଇଠି ବସୁଛନ୍ତି ଛଅ ବର୍ଷ ହେଲାଣି ?

ଅଶୋକ- ରିଟାୟାର୍ ହୋଇ ସାରିଥିଲି। 'ନିର୍ଭୟାଶ୍ରମ' ପାଇଁ କିଛି କାମ କରୁଥିଲି ପ୍ରୀତିଙ୍କୁ ସାହାଯ୍ୟ କରିବା ପାଇଁ। ହେଲେ ପ୍ରୀତିଙ୍କ ଏ ଅବସ୍ଥା ପରେ ଆଉ ମୋର ସାହସ ବା ଇଚ୍ଛା ନଥିଲା। ସରକାରଙ୍କ ଚାଇଲ୍‌ଡ ୱେଲଫେୟାର କାଉନସିଲ୍ ହାତରେ ଦେଇ ଦେଲି 'ନିର୍ଭୟାଶ୍ରମ'ର ଷୋହଳ ଜଣ ପିଲାଙ୍କୁ।

ସ୍ମିତା - ମୋତେ ଲାଗୁଛି, ମୁଁ ମା'ଙ୍କର ଚିକିତ୍ସା କରି ତାଙ୍କୁ ଫେରାଇ ଆଣିବାକୁ ଚେଷ୍ଟା କରିବି।

ଅଶୋକ- (ଚିନ୍ତିତ ହୋଇ ପଦଚାରଣା କରୁ କରୁ)

ଏବେ ଆଉ ପ୍ରୀତିର ଜୀବନର ମୂଲ୍ୟ ନାହିଁ ସ୍ମିତା। ମୋତେ ଲାଗୁଛି ଈଶ୍ୱର ଏକ ମହତ୍ ଉଦ୍ଦେଶ୍ୟରେ ପ୍ରୀତିଙ୍କୁ ଏ ପର୍ଯ୍ୟନ୍ତ ବଞ୍ଚାଇ ରଖିଛନ୍ତି। ସେହି ମହତ ଉଦ୍ଦେଶ୍ୟ ମୁଁ ଏବେ ବୁଝି ପାରୁଛି।

ସ୍ମିତା- (ଟିକେ ବିବ୍ରତ ହୋଇ) କ'ଣ ଭାବୁଛନ୍ତି ଆପଣ ଅଙ୍କଲ୍ - ବାପା ??

ଅଶୋକ- ହଁ ବାପା - ଆଉ ଅଙ୍କଲ୍ କହନା ମା'। ଆମେ ବାପା, ମା' ଦୁଇଜଣ ଆଶିଷ ପାଖରେ ଅପରାଧୀ। ସେଇ ଅପରାଧର ପ୍ରାୟଶ୍ଚିତ କରିବାର ବେଳ ଆସିଛି।

ସ୍ମିତା - (ଅଶୋକଙ୍କ କାନ୍ଧକୁ ହଲାଇ ଦେଇ) କ'ଣ ??? କ'ଣ ଭାବୁଛନ୍ତି ଆପଣ ? କି ପ୍ରାୟଶ୍ଚିତ ?

ଅଶୋକ- ଯାହା କରିବା ପାଇଁ ମୋ ବିବେକ ମୋତେ ନିର୍ଦ୍ଦେଶ ଦେଉଛି, ତାହା ମୁଁ କରିବି ସ୍ମିତା। ପ୍ରୀତିଙ୍କର ଲଙ୍ଗସ୍ ନେଇ ତୁମ ପ୍ରଣବ ଠାରେ ପ୍ରତିରୋପଣ କରି ଆମ ଆଶିଷକୁ ଜୀବନ ଫେରେଇ ଦେବା, ସ୍ମିତା। ଅନ୍ୟ ଉପାୟ ନାହିଁ।

ସ୍ମିତା- (ଦ୍ୱନ୍ଦରେ) କିନ୍ତୁ ??

ଅଶୋକ- କିନ୍ତୁର ଅବସର ନାହିଁ ମା, ମୁଁ ଜାଣେ ପ୍ରୀତି ଓ ଆଶିଷର ବ୍ଲଡ ଗ୍ରୁପ୍ ସମାନ ଇ+। ତେଣୁ କିଛି ଅସୁବିଧା ହେବନାହିଁ।

ସ୍ମିତା- (ତାଙ୍କୁ କୁଣ୍ଢେଇ ଧରି)

ଏତେବଡ ତ୍ୟାଗ ???

ଅଶୋକ- (ଭାବ ବିହ୍ୱଳିତ) ତ୍ୟାଗ ??? ନା, ମା - ଏ' କି ଛାର ତ୍ୟାଗ ! ପ୍ରୀତି ତ ଏବେ ମୃତବତ୍। ଜୀବନ ତାଙ୍କ ପାଇଁ, ମୋ ପାଇଁ, ଡାକ୍ତରଖାନା ପାଇଁ ଏକ ବୋଝ। ତାଙ୍କୁ ଏ ବୋଝରୁ ମୁକ୍ତି ଦେଇ ତାଙ୍କ ସାରା ଜୀବନର ସେଇ ଏକମାତ୍ର ସ୍ୱପ୍ନ କୁ ପୂରଣ କରିବାର ସୁଯୋଗ ମୋ ପାଇଁ ଆସିଛି। ଏ କ'ଣ କମ୍ ବଡ ସୌଭାଗ୍ୟ ?

ସ୍ମିତା - (ଲୁହ ପୋଛି) ଆଉ ଥରେ ଭାବନ୍ତୁ ....

ଅଶୋକ- ଆଉ ଭାବିବାର ସମୟ ନାହିଁ ସ୍ମିତା। ଏବେହିଁ ଡାକ୍ତରଙ୍କୁ ଦେଖା କରି ମୋର ଡିସିସନ୍ ଶୁଣାଇବାର ସମୟ। ଏବେ ମୋର ବହୁକାଳ ହଜିଯାଇଥିବା ପୁତ୍ର ଆଶିଷ ମୋ ସାମନାରେ ରୋଗଗ୍ରସ୍ତ ହୋଇ ମୃତ୍ୟୁ ସହ ଲଢେଇ କରୁଛି। ଆଉ ପାରିବିନି....

ତା ମା' ଯେ ସାରା ଜୀବନ କେବଳ ଆଶିଷର ସୁଖମୟ ଜୀବନ ପାଇଁ ନିଜ ଜୀବନକୁ ତିଳତିଳ କରି ତ୍ୟାଗର, ସେବାର ଅଗ୍ନିରେ ଜଳାଇଥିଲା। ସେହି ପୂଣ୍ୟ ତା'ର ଆଜି ଫେରାଇ ଦେବ ତା ପୁତ୍ରର ଜୀବନ।

ଚାଲ ସ୍ମିତା - ଆଉ ଡେରି କରିବା ଉଚିତ ହେବନାହିଁ।

(ଦୁହେଁ ପ୍ରସ୍ଥାନ କରିବା ବେଳେ ପରଦା ପତନ)

■

- ପଞ୍ଚମ ଦୃଶ୍ୟ -

(ଅଶୋକଙ୍କ ଘର। ଡ୍ରଇଂ ରୁମ୍‌ରେ ଆକାଶ ଓ ଆଶିଷଙ୍କ ଫଟୋ ତଳକୁ ପ୍ରୀତିଙ୍କର ଏକ ବଡ ଫଟୋ ସୁସଜ୍ଜିତ ହୋଇ ଟେବୁଲ୍ ଉପରେ ରଖା ହୋଇଛି। ବେକରେ ତାଜା ରଜନୀଗନ୍ଧାର ହାର। ଏକ ଟେବୁଲ୍ ଫଟୋର ଦୁଇ ପାଖରେ ଦୁଇଟି ଫୁଲଦାନୀରେ ସୁନ୍ଦର ଫୁଲତୋଡା। ଅଖଣ୍ଡ ଦୀପଟିଏ ଜଳୁଛି। ଧୂପଦାନୀରେ ଜଳନ୍ତା ଧୂପର ବାସ୍ନାରେ ମହକିତ କୋଠରୀଟି। ଗୋଟେ ଇଜି ଚେୟାରରେ ବସି ଗୀତା ପଢୁଛନ୍ତି ଅଶୋକ ବଡ ପାଟିରେ)

ଅଶୋକ- "ବାଂସାସି ଜୀର୍ଣ୍ଣାନି ଯଥା ବିହାୟ .....
..... ନବାନି ଗୃହ୍ନାତି ନରୋପରାଣି
ତଥା ଶରୀରାଣି ବିହାୟ ଜୀର୍ଣ୍ଣା
ନ୍ୟନ୍ୟାନି ସଂଯତି ନବାନି ଦେହି।"

(ପ୍ରବେଶ କଲେ ପ୍ରଣବ ଓରଫ୍ ଆଶିଷ, ବସିଛନ୍ତି ଗୋଟିଏ ହ୍ୱିଲ୍ ଚେୟାରରେ, ହ୍ୱିଲ୍ ଚେୟାରକୁ ପଛରୁ ଧରିଛନ୍ତି ସ୍ମିତା। ଉଭୟ ହାତ ଯୋଡି ପ୍ରୀତିଙ୍କ ଫଟୋକୁ ପ୍ରଣାମ କରନ୍ତି।)

ପ୍ରଣବ- ବାପା, (ଅଶୋକ ଚେୟାରରୁ ଉଠି ଆସି ପ୍ରଣବଙ୍କ ମୁଣ୍ଡ ଆଉଁସି ଦିଅନ୍ତି ସ୍ନେହରେ)

ଅଶୋକ- ଆଶିଷ ..... ତୋ ମା' ତୋତେ କେତେ ଖୋଜିଥିଲାରେ ବାପା! ଇଣ୍ଟରନେଟ୍‌ରେ ଗୋଟେ ୱେବସାଇଟ୍ ଖୋଲିଥିଲା। ଏକ ଆଶ୍ରମ

ଚଳାଉଥିଲା ନିଖୋଜ ପିଲାଙ୍କ ପାଇଁ। ତାକୁ ଅନେକ ସଂସ୍ଥା ଅନେକ ପୁରସ୍କାର ଦେଇଥିଲେ। ଏଇ ଦେଖ (ଗୋଟେ କାଚ ଆଲମୀରାରେ ସାଇତା ଅନେକ ସିଲ୍ଡ, ବନ୍ଧେଇ ମାନପତ୍ର ଆଡେ ହାତ ବଢେଇ)

ପ୍ରଣବ- ଓଃ !! ମୁଁ କି ହତଭାଗ୍ୟ ବାପା ! ଥରେ ମାତ୍ର ମା'ଙ୍କୁ ଦେଖି ପାରିଲି ନାହିଁ। ସେଇ ଯେ ପାଞ୍ଚବର୍ଷ ବେଳେ ହରେଇ ଦେଇଥିଲି... ଆଉ ଫେରି ପାଇଲି ନାହିଁ।

ଅଶୋକ- ତୋ ମା' କ'ଣ ସବୁଦିନ ତୋ କଥା ଭାବୁନଥିଲା ? ତା'ର ସମସ୍ତ କର୍ମ ଭିତରେ ତୁ'ହିଁ ଛପି ରହିଥିଲୁ ବାପା। ଆକାଶ କେମିତି ପାଠ ପଢିଲା, ମଣିଷ ହେଲା, ସେ ସବୁ ଆଡେ ତା'ର ଧ୍ୟାନ ନଥିଲା। କଣ୍ଢେଇ ପରି ନିଜର ଦାୟିତ୍ୱ କରୁଥିଲା ସେ ତା ପ୍ରତି। ହେଲେ ତା'ର ପ୍ରତି ନିଶ୍ୱାସରେ ଥିଲୁ ତୁ।

(ପ୍ରୀତିଙ୍କ ଫଟୋ ପାଖକୁ ଯାଇ)

ପ୍ରୀତି, ଦେଖି ପାରୁଛ ? ଉପରେ ଥାଇ ତୁମେ ନିଶ୍ଚୟ ଦେଖି ପାରୁଥିବ। ଆମ ଆଶିଷ ଏଇଠି ଆମରି ପାଖରେ... ମୋ ସାମନାରେ - କେବଳ ତୁମରି ପାଇଁ ପ୍ରୀତି ! ତୁମରି ପାଇଁ ଫେରି ପାଇଲି ମୋ ପୁଅକୁ ମୁଁ।

ସ୍ମିତା- (ପ୍ରୀତିଙ୍କ ଫଟୋ ସାମନାରେ ହାତ ଯୋଡି)

ମୋତେ କ୍ଷମା କର ମା। ତୁମ ପୁଅକୁ ବଞ୍ଚାଇବା ପାଇଁ ଆମେ ..... ତୁମକୁ.....

ଅଶୋକ- ନା, ନା, ସେମିତି ଭାବନା ସ୍ମିତା। ବିଲ୍‌କୁଲ୍ ନୁହେଁ। ପ୍ରୀତି ହିଁ ନିଜେ ସ୍ୱଇଚ୍ଛାରେ ଦାନ କଲେ ନିଜର ଲଙ୍ଗ୍‌ସ ତାଙ୍କ ପୁଅକୁ। ନହେଲେ ଦୀର୍ଘ ଛଅ ବର୍ଷ କାହିଁକି ପଡି ରହିଥିଲେ ସେ ? ତାଙ୍କର ପ୍ରତୀକ୍ଷାର ଅନ୍ତ ହେଲା। ତାଙ୍କ ଆତ୍ମାର ମୁକ୍ତି ହେଲା।

ପ୍ରଣବ - (ବିହ୍ୱଳ ଭାବରେ ମା'ଙ୍କ ଫଟୋକୁ ଚାହିଁ)

ମା.... ମା ...... ତୁମେ ମୋ ଭିତରେ ସଦା ସଜୀବ ମା। ତୁମରି ଯୋଗୁଁ ଚାଲିଛି ମୋର ପ୍ରତିଟି ନିଶ୍ୱାସ.... ମୁଁ ଅନୁଭବ କରୁଛି.... ତୁମର ସ୍ନେହ, ମମତା... ତୁମର ଅମୃତମୟ ଆଶିଷ ......

ସ୍ମିତା - ଜାଣିଛ, ପ୍ରଣବ ! ତୁମର ନାଁ ଟା ଯଦି ଆଶିଷ ରହି ଥାଆନ୍ତା, ହୁଏତ ମା' ତୁମକୁ ଖୋଜି ବାହାର କରି ପାରିଥାଆନ୍ତେ। ଆଶିଷ ଷଡଙ୍ଗୀରୁ ତୁମେ ଯେ ପ୍ରଣବ ମେହେଟ୍ଟା ହୋଇ ଯାଇଥିଲ .... ତେଣୁ ଇଣ୍ଟରନେଟ୍‌ରେ ମୁଁ

ଅପ୍‌ଲୋଡ୍ କରିଥିବା ତୁମ ଫଟୋକୁ ହୁଏତ ମା' ଦେଖି ପାରିନଥିଲେ। ଆକାଶ ଭାଇ ବି ତୁମକୁ ଆଶିଷ ନାଁରେ ହିଁ ଖୋଜୁଥିଲେ। ଜାଣିଛନ୍ତି ବାପା, ଆକାଶ ଭାଇ ଫୋନ୍ କରିଥିଲେ। ଆସନ୍ତା କାଲି ସପରିବାର ଆସି ପହଞ୍ଚିବେ।

ପ୍ରଣବ- ଓଃ! ଓଃ! କି ସୁଖଦ ମୁହୂର୍ତ୍ତ ଏ ମୋ ଜୀବନର। କାଲି ହେବ ଆମ ପରିବାରର ପୁନର୍ମିଳନ। ଏ କରୋନା ରାକ୍ଷସୀ ମୋ ଜୀବନ ନେଉ ନେଉ ମୋତେ ଫେରେଇ ଦେଇଗଲା ମୋ ଅସମ୍ପୂର୍ଣ୍ଣ ଜୀବନର ପୂର୍ଣ୍ଣତା। ଧନ୍ୟ ପ୍ରଭୁ, ଧନ୍ୟ ବିଧାତାର ଏ ଖେଳ!!!

ଅଶୋକ- (ଆବେଗରେ ପ୍ରୀତିଙ୍କ ଫଟୋକୁ ଆଉଁସି)
ପ୍ରୀତି, ମୁଁ ଜାଣେ, ତୁମେ ଏଇ ପାଖରେ ଅଛ। କୁଆଡେ ଯାଇନାହଁ। ତୁମେ ନିଶ୍ଚୟ ତୁମର ହଜିଲା ପୁଅ ଆଶିଷକୁ ଦେଖି ପାରୁଛ। ତୁମରି ଫୁସ୍ ଫୁସ୍ ଦ୍ୱାରା ନିଶ୍ୱାସ ନେଉଛି ସେ। ତୁମେ ହିଁ ଏ ପୁନର୍ମିଳନ ପର୍ବର ପୁରୋଧା। ଧନ୍ୟା ତୁମେ ପ୍ରୀତି! ଧନ୍ୟା ତୁମର ମାତୃତ୍ୱ।

(ପରଦା ପତନ)

■

ଟୀକାକରଣ

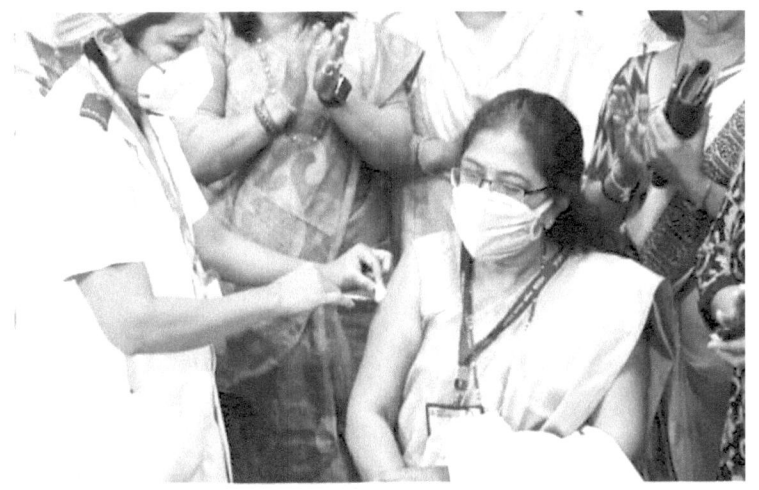

ଟୀକାକରଣ

- ନାଟ୍ୟ ଚରିତ୍ର -

ରାଧାବଲ୍ଲଭ - ପଣ୍ଡିତ
ମାଧବ - ରିକ୍ସାବାଲା
ମିନତି - ରାଧାବଲ୍ଲଭଙ୍କ ପତ୍ନୀ
ରାଧାବଲ୍ଲଭଙ୍କ ମା'
ରମାବଲ୍ଲଭ- ରାଧାବଲ୍ଲଭଙ୍କ ସାନଭାଇ

- ପ୍ରଥମ ଦୃଶ୍ୟ -

(ଟୀକା କରଣ କେନ୍ଦ୍ର। କାଉଣ୍ଟର ଖୋଲି ନାହିଁ। ଲମ୍ବା ଧାଡି ଲାଗିଛି କାଉଣ୍ଟର ସାମନାରେ. କାଉଣ୍ଟରରେ ଛିଡା ସବୁ ଲୋକଙ୍କ ମୁହଁରେ ମାସ୍କ। କିନ୍ତୁ ଠେଲାପେଲା ଚାଲିଛି। ସୋସିଆଲ୍ ଡିସ୍ଟାନ୍‌ସ ନାହିଁ। ଗେଟ୍ ବାହାରୁ ପାଟିଗୋଳ ଶୁଭୁଛି ନେପଥ୍ୟରୁ। ପୋଲିସର ହ୍ୱିସିଲ୍ ଆୱାଜ୍ ଶୁଭୁଛି।

ଧାଡିର ମଝାମଝି ଛିଡା ହୋଇଛନ୍ତି ଫିନ୍ ଫିନ୍ ଧୋତି, ଧଳା ପଞ୍ଜାବୀ, ଆଖିରେ ଗୋଲଡେନ୍ ଫ୍ରେମ୍‌ର ଚଷମା ପିନ୍ଧିଥିବା ଜଣେ ଭଦ୍ରଲୋକ। ତାଙ୍କ ଛାତି ପକେଟରୁ ଦେଖା ଯାଉଛି ଗୋଟେ ଦାମୀ ମୋବାଇଲ୍। ହାତର ଆଙ୍ଗୁଠିରେ ବିଭିନ୍ନ ପ୍ରକାର ରତ୍ନମୁଦି। ଆଖି ଉଜ୍ଜ୍ୱଳ, ବୁଦ୍ଧିଦୀପ୍ତ। କପାଳରେ ତିନିଗାର ଚନ୍ଦନ ଚିତା। ସେ ହେଉଛନ୍ତି ଟି.ଭି. ରେ ସକାଳ ଛ'ଟାରୁ ସାତଟା ବିଭିନ୍ନ ଚ୍ୟାନେଲ୍‌ରେ ଆଧ୍ୟାତ୍ମିକ ଚିନ୍ତା, ଚେତନା ଉପରେ ପ୍ରବଚନ ଦେଉଥିବା ପଣ୍ଡିତ ରାଧାବଲ୍ଲଭ ମିଶ୍ର।

ତାଙ୍କ ପଛରେ ଛିଡା ହୋଇଥିଲା ଜଣେ ସାଧାରଣ ମଳିମୁଣ୍ଡିଆ ଲୋକ। ଖାକି ହାଫ୍ ପ୍ୟାଣ୍ଟ ଆଉ ରଙ୍ଗୀନ୍ ବାନିଅନ୍ ପିନ୍ଧିଥିବା ମଧ୍ୟବୟସ୍କ ଜଣେ ରିକ୍‌ସାବାଲା। ମୁହଁ ଶୁଖିଲା, ଶରୀର ଅବସନ୍ନ। ମଝିରେ ମଝିରେ ଢୁଳେ ପଡି ପଣ୍ଡିତଙ୍କ ଉପରେ ଟିକେ କୁଟି ହେଉଥାଏ। ପୁଣି ଛିଡା ହୋଇ ନିଜର ଶସ୍ତା ମାସ୍କଟି ମୁହଁରେ ସଜାଡୁଥାଏ। ତା ନାଁ ମାଧବ ସୂତାର।)

(କାଉଣ୍ଟର ସାମନାରେ ଛିଡା ହୋଇଛନ୍ତି ଦୁଇଜଣ ସ୍ୱାସ୍ଥ୍ୟ କର୍ମୀ। ଦେହରେ ଧଳା ପୋଷାକ। ହାତରେ ଫାଇଲ୍। ମୁହଁରେ ମାସ୍କ)

ସ୍ୱାସ୍ଥ୍ୟ କର୍ମୀ-୧- (ହାତ ଉପରକୁ ଉଠାଇ ସାନ୍ତ୍ୱନା ଦେବା ଢଙ୍ଗରେ) ଆଜ୍ଞା, ଆପଣମାନେ ଟିକେ ଧୈର୍ଯ୍ୟ ଧରନ୍ତୁ। ଆଉ ଅଧଘଣ୍ଟାଏ ପରେ ଟୀକାକରଣ କାଉଣ୍ଟର ଖୋଲିଲେ, ନିଜ ନିଜର ଟୋକନ୍ ଆପଣ ଧାଡିରେ ଆସି ଜମା କରିବେ।

ସ୍ୱାସ୍ଥ୍ୟ କର୍ମୀ-୨- ଦେଖନ୍ତୁ, ଆମ କଥାକୁ ଧ୍ୟାନ ଦିଅନ୍ତୁ। ସମସ୍ତେ ଡବଲ୍ ମାସ୍କ ପିନ୍ଧନ୍ତୁ। ଅତି କମ୍‌ରେ ଛ' ଫୁଟ ଡିସ୍ଟାନ୍‌ସ ରଖି ଛିଡା ହୁଅନ୍ତୁ।

ରାଧାବଲ୍ଲଭ - (ବିରକ୍ତିରେ ଧାଡିରୁ ବାହାରି ଆସି) ଛ'ଫୁଟ୍ ଡିସ୍ଟାନ୍‌ସ। କାହିଁ? ଦେଖିଲ, ଏ ଧାଡିର ଏ ମୁଣ୍ଡରୁ ସେ ମୁଣ୍ଡ ଯେତେଜଣ ଠିଆ ହୋଇଛନ୍ତି କାହା ଭିତରେ ଟିକେ ବି ଡିସ୍ଟାନ୍‌ସ ଅଛି? ଆପଣଙ୍କ କେନ୍ଦ୍ରରେ ଡିସ୍‌ପ୍ଲିନ୍ ରକ୍ଷା କରିବା ପାଇଁ କ'ଣ କେହି ନାହାନ୍ତି? ଏ କି ଅବସ୍ଥା! ଦେଖ --
(ଏତକ କହି ସେ ନିଜର ମୋବାଇଲ୍ କାଢି ଧାଡିର ଫଟୋ ଉଠେଇଲେ।)

ସ୍ୱାସ୍ଥ୍ୟକର୍ମୀ ୧- (ଡରି ଯାଇ) ଆଜ୍ଞା, ଆମେ କ'ଣ କରିବୁ? ଗେଟ୍ ବାହାରେ ପ୍ରବଳ ଭିଡ, ପାଟିତୁଣ୍ଡ, ଗୋଳମାଳ, ଲୋକ ବାଦୁଡି ପରି ଗେଟ୍ ଉପରେ ଓହଳି ପଡୁଛନ୍ତି। ଏଠାକାର ଦରଓ୍ୱାନ୍ ଆଉ ଦୁଇଜଣ ହୋମଗାର୍ଡ ତାଙ୍କୁ ସମ୍ଭାଳି ପାରୁନାହାନ୍ତି। ଆଉ ଟିକେ ବିଳମ୍ବ ହେଲେ ଗେଟ୍ ଭାଙ୍ଗି ଲୋକ ଧସେଇ ପଶି ଆସିବେ।

ରାଧାବଲ୍ଲଭ - (ନିଜ ହାତରେ ଡିସ୍ଟାନ୍‌ସ ଦେଖାଇ, ନିଜ ପଛପଟେ ଠିଆ ହୋଇଥିବା ରିକ୍ସାବାଲାଙ୍କୁ କହିଲେ ଏତିକି ବାଟ ଘୁଞ୍ଚିଯାଅ। ମୋ ଜାଗା ଛାଡ -

ମାଧବ - (ପଛକୁ ଠେଲିଲା ଭିଡକୁ ନିଜ ପିଠିରେ ରାଧାବଲ୍ଲଭଙ୍କ ପାଇଁ ଜାଗା କରିବାକୁ)

ଆଜ୍ଞା, ଦେଖୁନ .... କେମିତି ପେଲୁଛନ୍ତି !!! ଧାଡିରୁ ବାହାରିଗଲ କିଆଁ ବା ?

ରାଧାବଲ୍ଲଭ - (ଧାଡି ଭିତରେ ମାଧବ ଆଗରେ ଛିଡା ହେବା ପାଇଁ ଠେଲାପେଲା କରିବା ବେଳେ, ସ୍ୱାସ୍ଥ୍ୟ କର୍ମୀ ଜଣେ ପାଟିକଲେ)

ସ୍ୱାସ୍ଥ୍ୟକର୍ମୀ - ଆପଣମାନେ ଆଉ ଅଳ୍ପ ସମୟ ଧୈର୍ଯ୍ୟଧରି ଛିଡା ହୁଅନ୍ତୁ। ନିଜ ନିଜର ଟୋକନ୍ ସଜାଡି ରଖନ୍ତୁ।

ରାଧାବଲ୍ଲଭ - ରଖହେ, ତୁମର "ଧୈର୍ଯ୍ୟ ଧର"। ଖରାରେ ଘଣ୍ଟାଏ କାଳ ସିଝିଲୁଣି। ପିଇବା ପାଣିର ବ୍ୟବସ୍ଥା ଅଛି କି ନାହିଁ ଆଗେ କହିଲ!!!

ମାଧବ - (ନିଜ ହାତରେ ଧରିଥିବା ଛୋଟ ମଳିଛିଆ ପାଣି ବୋତଲଟା ରାଧାବଲ୍ଲଭଙ୍କ ଆଡକୁ ବଢାଇଦେଲା)

ନିଅ - ଟୋପେ ଏଇଥିରୁ ପିଇଦିଅ।

ରାଧାବଲ୍ଲଭ - (ମୁହଁକୁ ଆମ୍ବିଳା କରି, ଘୃଣାରେ ମିଳିଛିଆ ପାଣିବୋତଲକୁ ଚାହିଁ।) ନା- ନା- ମୋର ଦରକାର ନାହିଁ। ମୁଁ ଏ ସମସ୍ତ ଜନତାଙ୍କ ପାଇଁ କହୁଛି ନା - ମୋ ପାଣି ବୋତଲ ମୋ ଗାଡିରେ ଅଛି। ଦରକାର ହେଲେ ମୁଁ ଯାଇ ପିଇବି। ତୁମେ ମୋ ଜାଗାଟା ରଖିବ।

ମାଧବ - ବାବୁ, ତେମେ କୋଉଠୁ ଆଇଚ ?

ରାଧାବଲ୍ଲଭ - (ବିରକ୍ତିରେ) ତମେ କ'ଣ ମୋତେ ଚିହ୍ନି ପାରୁନା, ପଚାରୁଛ - କୋଉଠୁ ଆଇଚ ?

(ନିଜ ମୁହଁରୁ ମାସ୍କ ଖୋଲି ଚେହେରା ଦେଖାଇଲେ ଭିଡକୁ)

ମାଧବ - (ନିରୀହ ହସ ହସି)

ଆମେ ମଳିମୁଣ୍ଡିଆ, ବଡ ବଡିଆଙ୍କୁ କୋଉଠୁ ଚିହ୍ନିବୁ ଆଜ୍ଞାଆଁ ??

ରାଧାବଲ୍ଲଭ - ତୁମ ଘରେ ଟି.ଭି. ଅଛି ? ତୁମେ ଟି.ଭି. ଦେଖ ?

ମାଧବ - (ଟିକେ ଲଜ୍ଜିତ ହୋଇ)

ଗୋଟେ କଳାଧଳା ଟିଭି ମୋ ମାଇପ ମାଳତୀ କାହାଠଉ ମାଗି ଆଣିଥିଲା। ସେଇଟା ପିଲେ ଦେଖନ୍ତି। ମୋର ଟି.ଭି. ଦେଖିବାକୁ ବେଳ କାଇଁ, ଆଜ୍ଞା ଆଁ ??

ରାଧାବଲ୍ଲଭ - (ଆଶ୍ଚର୍ଯ୍ୟ ହୋଇ ତାକୁ ଚାହିଁଲେ)

ତୁମେ କେବେ ବି ଜନତା ଟି.ଭି. ଚ୍ୟାନେଲ୍‌ରେ ସକାଳ ଛଟାରୁ ସାତଟା "ଭଜିଲେ ପାଇବ" କାର୍ଯ୍ୟକ୍ରମ ଦେଖିନ ??

ମାଧବ - (ବଡ ବିନୀତ ଭାବରେ)

ମୁଁ ତ ସକାଳ ୫ଟାରୁ ରେଳ ଟେସନ ପଳେଇ ଯାଏ। କେତେ ଲୋକ ଓହ୍ଲାନ୍ତି ପୁରୀ ହାବଡା ପାସେଞ୍ଜରରୁ। ସେମାନଙ୍କୁ ନେଇ ତାଙ୍କ ଘରେ ଛାଡିବା ମୋ କାମ। କିଏ ଘରକୁ ଯାଏ ତ କିଏ ହୋଟେଲ୍‌କୁ ତ କିଏ ଜଳଖିଆ ଦୋକାନକୁ।

ରଧାବଲ୍ଲଭ - (ଟିକେ ବିଚଳିତ ଦେଖାଗଲେ)

ଆଚ୍ଛା, ତୁମ ସ୍ତ୍ରୀ, ପିଲେ କେହି କେବେ ଏ କାର୍ଯ୍ୟକ୍ରମ ଦେଖି ନାହାନ୍ତି ? ତୁମକୁ କେବେ ମୋ ପ୍ରବଚନ ବିଷୟରେ କହିନାହାନ୍ତି ?

ମାଧବ - ପିଲେ ତ ଖାଲି ସିନେମା, ନାଟ, ନାଚ ତାମସା ଦେଖନ୍ତି ଟି.ଭି.ରୁ। ମାଳତୀକୁ କ'ଣ ସକାଳ ବେଳା ଟାଇମ୍ ଥାଏ ଯେ ସେ ଟି.ଭି. ଦେଖିବ। ସେ ପରା ତିନିଟା ଘରେ ବାସିକାମ ସାରି ଆଠଟା ସୁଦ୍ଧା ଘରକୁ ଫେରି ଭାତ ତୁଅଣ ରାନ୍ଧିଲେ ଦୁଇ ଝିଅ, ପୁଅ ମୁଠେ ମୁଠେ ଖାଇ ଇସ୍କୁଲୁ ଯିବେ। ସିଏ କୋଉଠୁ ଟି.ଭି. ଦେଖିବ ?

(ରାଧାବଲ୍ଲଭଙ୍କ ମୁହଁରୁ ତୁଣ୍ଡୀ ଖୋଲିଦେବା ମାତ୍ରେ କେତେ ଲୋକ ଶଣ୍ଢା ଟେକି ତାଙ୍କୁ ଅନେଇ ଥାଆନ୍ତି। ଜଣେ ଧାଡି ଭିତରୁ ବାହାରି ଆସି)

ଜନତା-୧ - (ରାଧାବଲ୍ଲଭଙ୍କ ପାଖକୁ ମାଡି ଆସି ଗୋଡ ତଳେ ମୁଣ୍ଡିଆ ମାରିଲା।)

ପଣ୍ଡିତେ, ଆଜ୍ଞା, ଆପଣ ? ? ? ଏ ଧାଡିରେ ? ହାଇରେ କରୋନା, କେଡେ ବଡ ପଣ୍ଡିତଙ୍କର ଏ ଅବସ୍ଥା ତୁ କଲୁ ? ?

ମାଧବ - (ଟିକେ ଡରିଯାଇ)

ଆଜ୍ଞା, ଆପଣେ କ'ଣ ଇସ୍‌କୁଲରେ ପାଠ ପଢାନ୍ତି ?

ଜନତା -୨ - (ମାଧବକୁ ଧକ୍‌କା ମାରି)

ଧେତ୍, ବେବକୁଫ୍, ଆଜ୍ଞା, ପଣ୍ଡିତ ରାଧାବଲ୍ଲଭ ମିଶ୍ର। ପ୍ରତିଦିନ ସକାଳ ଛ'ଟା ଆଉ ରାତି ୮ଟାରେ "ଜନତା" ଟି.ଭି.ରେ ଆଧ୍ୟାତ୍ମିକ ପ୍ରବଚନ ଦିଅନ୍ତି। କି ଭାଷା ! ! କି ଭାବ ! ! ହରିନାମ ଭଜିଲେ ଏ ସଂସାରରୁ ପାରି ହେବ ବୋଲି ଆଜ୍ଞା କେତେ ସୁନ୍ଦର ବାଟ ସବୁ ବତେଇ ଦିଅନ୍ତି, ତୁ କ'ଣ ଥରେ ବି ପଣ୍ଡିତଙ୍କୁ ଟି.ଭି.ରେ ଦେଖିନୁ ? ମୂର୍ଖ !

ମାଧବ - (କାଇଲ ହେବା ଢଙ୍ଗରେ)

ଆମର ତ ଆଜ୍ଞା ଦିନରାତି ପେଟ ଚିନ୍ତା। ଛ'ଟା ପେଟକୁ ଦାନା ଯୋଗେଇବାକୁ ଯେତେ ଖଟିଲେ ବି ପେଟ ପୂରୁନି। ଦି ବେଳି ଖାଇବାକୁ ପାଉନୁ। ହରି ତ ଏଇ କାମ ଧରେଇଛନ୍ତି। କାମ କରିବି ନା ନାମ ନେବି ?

ରାଧାବଲ୍ଲଭ - (ତୁଣ୍ଡୀ ମୁହଁରୁ ପୁଣିଥରେ କାଢି ଦେଇ ପ୍ରବଚନ ଦେବା ଢଙ୍ଗରେ) ହରିନାମ ନେବା ପାଇଁ ସମୟର ଆବଶ୍ୟକତା ନାହିଁ। ନିଜ କର୍ମ କରିବା ସମୟରେ ହିଁ ତୁମେ ହରିନାମ ଭଜି ପାରିବ। ହରି ଏ ସଂସାରର ସକଳ କର୍ମରେ, ସକଳ ବସ୍ତୁରେ ସ୍ଥିତ ଅଛନ୍ତି। ତାଙ୍କୁ ଭଜିବା ପାଇଁ ହୃଦୟରେ ଭକ୍ତିର ଭାବ ଦରକାର। ତା ଛଡା ଆଉ କିଛି ଲୋଡା ନାହିଁ। (ଟିକେ ମିଠା ସ୍ୱରରେ ପଣ୍ଡିତେ ଭଜନ ଗାଇଲେ)
"ହରି ବିନା ଭରୋସା କୋଇ ନେହିଁ,
ଗୁରୁ ବିନା ଭରୋସା କୋଇ ନେହିଁ"।

(ପରଦା ପତନ)

- ଦ୍ୱିତୀୟ ଦୃଶ୍ୟ -

(ସେହି କ୍ୱାରାଣ୍ଟାଇନ୍ ସେଣ୍ଟରର ଦୃଶ୍ୟ। ରାଧାବଲ୍ଲଭ ଗୋଟିଏ କୁପନ୍ ଧରି କାଉଣ୍ଟରରେ ଛିଡା ହୋଇଛନ୍ତି। ତାଙ୍କ ପାଖରେ ଛିଡା ହୋଇଛି ମାଧବ। ତା ହାତରେ ବି ଗୋଟେ କୁପନ।)

ରାଧା - (ମାଧବକୁ ଟିକେ କଡକୁ ଡାକିନେଇ)
ଆଚ୍ଛା, ତୁମ ନାଁ କ'ଣ କହୁଥିଲ ଟି ଭାଇ ?

ମାଧବ - ମୋ ନାଁ ? କେତେବେଳେ ଆଉ କହିଲି। କିଏ ପଚାରିଲା କି। ଆମ ପେରି ଲୋକଙ୍କ ବେଉସା ନେଇକି ତ ଆମର ନାଁ। ଯେମିତି ରିକ୍ସାବାଲା, ଅଟୋବାଲା, ଦୁଧବାଲା, ଡାକବାଲା... ନା କ'ଣ କହୁନ ବାବୁ ?

ରାଧା - ହଁ ଯେ, ତୁମ ବାପା ମା' ତ ତୁମର ଗୋଟେ ନାଁ ଦେଇଥିବେ ନା !

ମାଧବ -	ନାଁ ଦେଇଥିଲେ ବା' - ମାଧବ। ମା' ଡାକିଲା 'ମାଧ', ବା' ଡାକିଲା 'ମାଧିଆ'। ଗାଁ ବାଲା ବି ଡାକିଲେ ମାଧିଆ। ମାଧବରୁ ମୁଁ ହେଇଗଲି ମାଧିଆ। ଗଧିଆ ମାଧିଆ।
ରାଧା -	ଆରେ, ଆରେ, ଏତ ଗୋଟେ ମଣିକାଞ୍ଚନ ସଂଯୋଗ ପରି ହେଲା। ତୁମ ନାଁ ମାଧବ, ମୋ ନାଁ ରାଧା। ଯୋଡିଦେଲେ ରାଧାମାଧବ। ଆଃ! କି ସୁନ୍ଦର ନାଁ ଟିଏ ରାଧାମାଧବ! (ଗୀତ ଗାଇଲେ) - "ଜୟ ରାଧାମାଧବ ଜୟ କୁଞ୍ଜବିହାରୀ ଜୟ ଗୋପୀଜନ ବଲ୍ଲଭ ଜୟ ଗିରିବର ଧାରୀ" (ଲୋକେ ଉହୁଙ୍କି ଦେଖୁଥାନ୍ତି ଦୁହିଁଙ୍କୁ)
ମାଧବ-	(ଖୁସି ହୋଇ ତାଳି ମାରି) କେଡେ ସୁନ୍ଦର ଗୀତ ଗାଇଲେ, ଆଜ୍ଞା। ତୁମେ ପଣ୍ଡିତ ପରା - ସେଇ ନାଗି - ଏତେ ବନେଇକି ଗାଇ ପାଇଲେ। ବଢିଆ ନାଗିଲା।
ରାଧା -	ଆଚ୍ଛା, ତୁମେ ଜାଣିଛ - ରାଧାମାଧବ କିଏ?
ମାଧବ-	ମଲା, ଏତକ ନ ଜାଣିଛି ଏ ଜଗତରେ କିଏ ବା? ରାଧା କୃଷ୍ଣ କାହାଣୀ ପିଲାଦିନୁ ଶୁଣିଛୁ ପରା। ସେ ଗୋପର କହ୍ନେଇ, ଯଶୋଦା ମା'ର ଗେହ୍ଲା ପୁଅ କଳାକାହ୍ନୁ। ନା କି ପଣ୍ଡିତେ?
ରାଧା -	ଠିକ୍ ଧରିଛ! କାହିଁକି କହୁଥିଲି କି ଏ ଭଜନଟା ପରା ମୋର ଭାରି ପ୍ରିୟ। ସକାଳୁ ଉଠି ମୁହଁ ଧୋଇବା ମାତ୍ରେ ଏ ରାଧାମାଧବ ନାଁଟା ମୋ ମୁଣ୍ଡରେ ପଶେ। ନାମ ଜପ କଲେ ଯାଇ ସିନା ପ୍ରବଚନ ଦେଇ ପାରିବି।
ମାଧବ -	ଆଜ୍ଞିଆ - ପରବଚନ ପୁଣି କ'ଣ ଟେ? ନିଜ ବଚନ ତ ହେଲା। ନିଜକଥା। ପରବଚନ କ'ଣ ପର ଲୋକଙ୍କ କଥା? ତୁମେ ଆଜ୍ଞିଆଁ ପରଲୋକଙ୍କ କଥାରେ କିଆଁ ମୁଣ୍ଡ ଖେଳଉଛ? (ଭିଡ ଭିତରେ ଲୋକ ଠେଲାପେଲା ଲାଗିଥାନ୍ତି। କିଏ ଜଣେ ମାଧବକୁ ଧକ୍କାଟେ ଦେଲା ଯେ ସେ ରାଧାବଲ୍ଲଭଙ୍କ ଉପରେ ପଡେ କି ନପଡେ, କୁଟି ହୋଇଗଲା। ରାଧାବଲ୍ଲଭ ନିଜ ଫିନ୍ ଫିନ୍ ପୋଷାକରେ ମାଧବର ମଇଳା ହାତ ଲାଗିଯାଇଥିବାରୁ ଝାଡିଝୁଡି ହେଲେ। ଲୋକେ ପାଟି କରୁଥାଆନ୍ତି, "ଆଉ କେତେବେଳ ଠିଆ ହବୁ କି ହେ?" "ଦଶଟା କହିଥିଲେ ଏଗାରଟା ବାଜିଲାଣି।"

ସ୍ୱାସ୍ଥ୍ୟ କର୍ମୀ- (ବଡ ପାଟିରେ)
ଯେଉଁମାନେ ଟୋକନ୍ ପାଇଛନ୍ତି ତିନି ନମ୍ବର କାଉଣ୍ଟରରେ ଟଙ୍କା ଦାଖଲ କରନ୍ତୁ। ସେଠୁ ରିସିଟ୍ ଆଣିଲେ ଏଠି ରେଜିଷ୍ଟରରେ ନାଁ ଚଢିବ। ତା ପରେ ଡକା ହେବ।
(ଏହି ସମୟରେ ଲ୍ୟାପଟପ୍ ହାତରେ ଧରି ଜଣେ ମହିଳା ୟୁନିଫର୍ମ ପିନ୍ଧା ଅଫିସର୍ ଆସି ପହଞ୍ଚିଲେ। ତାଙ୍କର ବୟସ ୨୫-୩୦ ବର୍ଷ ଭିତରେ। ଚେହେରା ସୁନ୍ଦର। ମୁହଁରେ ମାସ୍କ ଭିଡା ହୋଇଛି। ଗୋଟେ ଟେବୁଲ୍ ଉପରେ ନିଜ ଲ୍ୟାପ୍‌ଟପ୍ ରଖି ଚେୟାରରେ ବସି ପଡିଲେ।)

ମାଧବ - ଆଜ୍ଞିଆଁ.... ଇଏ ବାବୁଆଣୀ କ'ଣ ଟିକା ଦେବେ?

ରାଧା - ଧେତ୍, ନର୍ସମାନେ ଟିକା ଦେବେ। ସେମାନେ ସେଠି ଭିତରେ ଅଛନ୍ତି। ଆଚ୍ଛା ମାଧବ! ମୁଁ ଗୋଟେ କଥା କହିବି ବୋଲି ଭାବୁଥିଲି।

ମାଧବ - (ମୁହଁକୁ ଖୁସିରେ ଚଞ୍ଚଳ କରି) ଆଜ୍ଞିଆଁ, କହୁନ... ମୋ ପରି ମଳିମୁଣ୍ଡିଆ ରିକ୍‌ସାବାଲା ମାଧିଆକୁ ପଣ୍ଡିତେ କି କଥା କହିବ ଯେ?

ରାଧା - ଶୁଣ ମାଧବ! ମୁଁ ଟିକେ ବିଜି ଲୋକ। ମୋର ନାନା ଆଡେ ନାନା କାମ, ବୁଝିଲ? ଯେତେ ସବୁ ଯଜ୍ଞ, ହୋମ, ଭାଗବତ ପାରାୟଣ, ପୂଜାପଟଳ, ସବୁଠୁ ମୋତେ ନିମନ୍ତ୍ରଣ ଆସେ। କେବେ ମୁଖ୍ୟମନ୍ତ୍ରୀଙ୍କ ଘରୁ ତ କେବେ ରାଜ୍ୟପାଳଙ୍କ ଅଫିସ୍‌ରୁ ଡାକରା ଆସେ?

ମାଧବ - ହେଇ ଥବ... ହେଇ ଥବ .... ତେମେ ଆଜ୍ଞିଆଁ ଏତେ ବଡ ପଣ୍ଡିତ। ଟି.ଭି.ରେ ଆଉଛ - ହେଇ ଥବ।

ରାଧା - କଥା କ'ଣ କି.... (ଥଙ୍ଗେଇଲେ)

ମାଧବ- କହୁନା! କ'ଣ ଏମିତି କଥାଟେ କହିବ ଯେ -

ରାଧା - କ'ଣ କହୁଥିଲି କି ମୋର ଗୋଟେ ଦିନ ମାରା ହେଲେ ଜାଣ ଦଶହଜାର ଟଙ୍କା ବୁଡିଲା। ଗୋଟେ ହୋମ ଯଜ୍ଞ କି ପୂଜା କରିବାକୁ ଗଲେ, ପାଞ୍ଚ ହଜାରରୁ କମ୍‌ରେ ମୁଁ ବସେନା, ସେଇଥି ପାଇଁ....

ମାଧବ- ଆଁ.... ଦିନକୁ ଦଶ ହଜାର! ବାପ୍‌ରେ - ତମେ ତ ଖୁ ବଡ ଲୁକ ହେଇଥିବ ହେ! ତୁମର କେତୁଟା କୁଠା?

ରାଧା - ରୁହ ମ! କୋଠାବାଡି କଥା ଛାଡ - ସବୁଥିଲେ କ'ଣ ହେବ, ପ୍ରଭୁ ପୁଣି କିଛି ଅଭାବ ରଖିଛନ୍ତି ନା -

ମାଧବ - ତମର ଫେଣେ ଅଭାବ? ଦିନୁକୁ ଦଶ ହଜାର..... ଫେଣେ ଅଭାବ?

(ହିଁ ହିଁ ହୋଇ ହସିଲା)

ରାଧା - ଆରେ ମାଧ, ତୁ ସତରେ ଗଧିଆ ଟା। ଅଭାବ କ'ଣ ଖାଲି ଟଙ୍କାରେ ଥାଏ ?

ମାଧବ - ଆଉ କେନ୍ ଟା ବା ? ଏଇ ଟଙ୍କା ନାଗି ତ ସବୁ ନାଟ। ମର ଚାରିଟା ଛୁଆ, ସେଇଠୁ ମା ବୁଢୀ, ମାଇପ, ମାଇପର ଛୋଟା ଭାଇ। ପୁଲିଅ ହେଇଥେଲା ବା ତାକୁ। ଗୋଡ ଗୋଟେ ବଙ୍କା। ଏ ସବୁଙ୍କୁ ପୋଷୁଛି କିଏ ? ଏଇ ମାଧ .... ମାଧିଆ.... ରିକ୍ସା ଟାଣି। ବୁଝିଲ ବାବୁ - ପେଟକୁ ବେମାର ମାଇଲାଣି। ଧେତ୍ - କେତେ ଟଙ୍କା ପଇଠ କରିବାକୁ କଇଲେ ବା ?

ରାଧା - ଅଢେଇ ଶହ ଗୋଟିଏ କୁପନ୍ ପାଇଁ। ଆଚ୍ଛା, ସରକାରୀ ହସପାତାଳରେ ଫ୍ରି ଦିଆ ଯାଉଛି ପରା ଟିକା। ତୁମେ ଏ ଟଙ୍କା ଦିଆ ଜାଗାକୁ କାହିଁକି ଆଇଲ ?

ମାଧବ - କଥା କ'ଣ କି ଆଜ୍ଞିଆଁ - ତିନି ଥର ଯାଇ ସେ ସାଇ ଟିକାକେନ୍ଦ୍ରରୁ ଦିନସାରା ବସି ବସି ଫେରିଲି। କେହି ପଚାରିଲେ ନାହିଁ। ମୋ ଶଳା ସୁକୁଟା କହିଲା, ଭାଇ - ସମିଅ ନଷ୍ଟ କରନା - ପ୍ରାଇଭିଟି କୁ ଯା, ସେଇଥି ନାଗି ଆଇଲି।

ରାଧା - ଆଚ୍ଛା, ତୁମର କ'ଣ ଆଜି ଟିକା ନ ନେଲେ ଚଳିବନି ?

ମାଧବ- କାଇଁ ପଚାରୁଛ ? ଚଳିବ -

ରାଧା- ତାହାହେଲେ ମୋତେ ତୁମ କୁପନ୍‌ଟା ଦିଅନ୍ତନି ! ମୁଁ ତୁମକୁ ଦୁଇ ହଜାର ଟଙ୍କା ଦେବି।

ମାଧବ - (ମୁଣ୍ଡ ହଲେଇ ମନା କଲା)

ରାଧା- ହଉ, ମନକୁ ପାଇଲାନି ? ପାଞ୍ଚ ହଜାର ଦେବି -

ମାଧବ - କି ହେ, ତମର ପରା ଦିନକୁ ରୋଜଗାର ଦଶ ହଜାର, ମେତେ ଠକୁଛ ! ନାହିଁ ?

ରାଧା - ନା, ନା, ଠକୁ ନି.... କଥା କ'ଣ କି - ପାଖରେ ଏତେ ପଇସା କ୍ୟାସ୍ ନାହିଁ ତ - ତମର କାର୍ଡ ଅଛି ?

ମାଧବ- କାର୍ଡ ? କ'ଣ ପୁଷ୍ଟିକାର୍ଡ ?

ରାଧା - ଧେତ୍ ! ଟଙ୍କା ରଖିନ ବ୍ୟାଙ୍କରେ ?

ମାଧବ- ବେଙ୍କ୍ ? ବେଙ୍କ୍‌ରେ ରଖିବାକୁ ଟଙ୍କା କଉଠୁ ଆଇବ ବା ? ଦୁଇଶ

ଟଙ୍କାର ଚାଉଳ, ଡାଲି, ପରିବା, ଦି ଦିନକୁ ନଅଣ୍ଟ। ମୋର ତ ପୁଣି ନାଲି ପାଣି ଖର୍ଚ୍ଚ ଅଛି। (ହାତରେ ବୋତଲର ଚିତ୍ର ଦେଖେଇ)

ରାଧା - ଏଁ, ତୁମେ ମଦ ପିଉଛ ?

ମାଧବ - କିଆଁ ? ତେମେ ପିଉନ - ନୁଚେଇକି ଘରକୁ ନେଇ ପିଉଥିବ ବା ! ଦବ, ଦଶ ହଜାର ?

ରାଧା - ନାଁ, ପାଞ୍ଚ ହଜାର ଦେବି।

ମାଧବ- ତୁମେ ଏ କୁପନ ନେଇ କ'ଣ କରିବ ?

ରାଧା - କଥା କ'ଣ କି - ମୋ ସ୍ତ୍ରୀ ଗାଡି ଭିତରେ ବସିଛି। ଯଦି ତା ପାଇଁ କୁପନ୍‌ଟା ମିଳିଯାନ୍ତା-

ମାଧବ- ତାଙ୍କୁ ଆଣିଲ ନି- ? ?

ରାଧା - ଏ ଭିଡ ଭିତରକୁ ତାକୁ କେମିତି ଆଣିବି କହିଲ ?

ମାଧବ- ମଲା... ଏତେ ମାଇପି ତ ଆଇଛନ୍ତି.... ହେଇ ଦେଖୁନ.... ହେଇ .... ସେଠି... ସେଠି....

ରାଧା - ଛାଡ, ସେ କଥା। ମୋତେ କୁପନ୍‌ଟା ଦେ, ତୁ ତ ଅଢେଇଶ ଟଙ୍କା ଦେଇ ପାରିବୁନି।

ମାଧବ- ଦେଇ ପାରିମିନି ? ହକ୍ ନାକେ ଦେମି। ଏ କୁପନ୍‌ଟା କ'ଣ ମୋ ପେଇଁ ଆଣିଛି କି ?

ରାଧା - ଆଉ କାହା ପାଇଁ ?

ମାଧବ- ମୋ ମା ପାଇଁ ବା- ବୁଢୀ ହେଇ ଗଲାଣିତ, ତା'ର ଆଗ ଦରକାର। ତାକୁ ରିକ୍‌ସାରେ ବସେଇ ଦେଇ ଆସିଛି। ବାଡ ଛାଡ ହୋ ଯାଏଁ - ବୁଢୀ ଭୋକ ଶୋଷରେ ଆଉଟି ହେଉଥବ।

(ମାଧବ ରାଧାବଲ୍ଲଭଙ୍କୁ ପେଲି ଦେଇ ଚାଲିଗଲା)

ତୃତୀୟ ଦୃଶ୍ୟ

(ରାଧାବଲ୍ଲଭ ମିଶ୍ରେ ଟିକା ନେଇ ଫେରି ଆସିଛନ୍ତି। ଗାଡିରେ ଅପେକ୍ଷାରତା ପତ୍ନୀ ମିନତି ମିଶ୍ର। ମଧ୍ୟ ବୟସ୍କା, ସୁନ୍ଦରୀ, ସଭ୍ୟା)

ମିନତି- (ଗାଡିରୁ ତଳକୁ ଓହ୍ଲେଇ ପଡି)
ଏତେ ଡେରି ? ମୋ ପାଇଁ କୁପନ୍ ମିଳିଲା କି ନାହିଁ ?

ରାଧା-	(ମୁଣ୍ଡ ତଳକୁ କରି) ନାଁ, ମିଳିଲାନି। ତୁମକୁ ନିଜେ ଯିବାକୁ ପଡିବ। ଲୋକ ନ ଦେଖିଲେ ଟିକା ପାଇଁ କୁପନ୍ ଦେଉ ନାହାଁନ୍ତି। ଦସ୍ତଖତ ବି ଦେବାକୁ ପଡିବ ତ!
ମିନତି -	ତେବେ ମୋତେ ନେଇ ଗଲନି ? ଏକୁଟିଆ ଚାଲିଗଲ ?
ରାଧା -	(ଗାଡି ଡ୍ରାଇଭ୍ କରିବା ପାଇଁ ଷ୍ଟାର୍ଟ୍ କଲେ) ଆରେ, ତୁମେ ଗାଡିରେ ବସ। କାଲି ଆଉଥରେ ନେଇ ଆସିବି। ଏଠି ଏତେ ଭିଡ ଲାଗିଛି ଯେ .... ତୁମେ ସେଠି ଛିଡା ହୋଇ ପାରିବନି।
ମିନତି-	କାହିଁକି ପାରିବିନି ? ମାସ୍କ ଭିଡି ଟିକେ ଦୂରରେ ଛିଡା ହେବି -
ରାଧା -	ବ୍ୟସ୍ତ ହୁଅନା। (ଚିଡି ଯାଇ) ତୁମେ କ'ଣ କୁଆଡେ ବାହାରକୁ ଯାଉଛ ଯେ ଟିକା ଏତେ ଦରକାର ? ମୁଁ ସିନା ସବୁବେଳେ ଚାରିଆଡ ଯାଉଛି... ସେଇଥି ପାଇଁ ..... (ମିନତି ମୁହଁ ଓହଳେଇ ଗାଡିରେ ଚଢିବାକୁ ଯିବା ବେଳେ, ତାଙ୍କ ସାମନାରେ ପହଞ୍ଚିଲା ମାଧବ। ତା ମା'ର ହାତ ଧରିଥାଏ। ରାଧାବଲ୍ଲଭଙ୍କୁ ଦେଖି)।
ମାଧବ-	ଆଜ୍ଞିଆଁ ପଣ୍ଡିତେ - ତେମେ ଆପଣେ ଟିକା ନେଲ ତ ? (ଗାଡି ଭିତରକୁ ମୁଣ୍ଡ ଗଳେଇ ପଚାରିଲା)
ରାଧା -	(କିଛି ଉତ୍ତର ନଦେଇ ଚୁପ୍ ଚାପ୍ ବସି ରହିଲେ)
ମାଧବ -	କଥା କ'ଣ କି ମା' (ମିନତିଙ୍କୁ ଚାହିଁ) ବାବୁ ପଣ୍ଡିତେ ମୋତେ କୁପନ୍‌ଟା ପାଇଁ ପାଞ୍ଚ ହଜାର ଯାଚୁଥିଲେ। ମୁଁ ଦଶ ହଜାର ମାଗିଲି ତ.... ସେଇନାଗି ରାଗିଯାଇସେନ୍ତି ପରା.....
ମିନତି-	କ'ଣ ହେଲା ? ତା ପାଖରୁ କୁପନ୍ ପାଇଁ ତୁମେ ପାଞ୍ଚ ହଜାର ଟଙ୍କା ଯାଚୁଥିଲ ? (ରାଧାବଲ୍ଲଭଙ୍କୁ ଚାହିଁ)
ରାଧା -	ହଁ, କ'ଣ ହେଲା ? ତମରି ପାଇଁ ତ ମାଗୁଥିଲି...
ମାଧବ -	କଥା କଅଣ କି ମା' .... (ତା ମା'ର କାନ୍ଧରେ ମୃଦୁ ଚାପ ଦେଇ) ମୋ ମା' ମୋର ବହୁତୁ କରିଛି। ରାଣ୍ଡ ହେଇଗଲା ସିନା - ଅଧା ବଅସରେ - ମୁଁ ଦଶ କି ବାର ହେଇଥିବି। ଗୋଟିଏ ପୁଅ ବୋଲି ମତେ ଭାରି ଗେହ୍ଲା କରେ ତ .... ସେଇ ନାଗି, ତା ଦିହଟା ଭଲ ରଖିବା, ମର ଆଗ ଚିନ୍ତା।

(ମିନତି ଓ ରାଧାବଲ୍ଲଭ ଦୁହେଁ ଟିକେ ଚମକି ପଡି ପରସ୍ପରକୁ ଚହାଁ ଚହିଁ ହେଲେ।)

ମାଧବ - ହଉ ଆଜ୍ଞିଆ.... ଯାଉନ୍ତୁ ଆପଣ। ମା' ତମେ ବେସ୍ତ ହୁଅନା - ତୁମକୁ କିଛି ହବନି। ମୋତେ ବାବୁ ଦଶ ହଜାର ଦେଇଥେଲେ, କ'ଣ ମୁଁ ତାଙ୍କୁ କୁପନ ଦେଇ ଥାନ୍ତି? ଧେତ୍ .... ସିମିତି କହୁଥିଲି ନା ..... ମୋ ମା ଜୀବନ ତ ଲକ୍ଷେ ଟଙ୍କା ଠଉଁ ବଡ... (ମା'କୁ ଆଦର କରି ଧୀରେ ରିକ୍ସା ପାଖକୁ ନେଇ ଚାଲିଗଲା।)

ମିନତି - (ରାଧାବଲ୍ଲଭଙ୍କୁ କଟମଟ କରି ଚାହିଁ)

ଧର୍ମ ପ୍ରବଚନ ଦେଲେ କ'ଣ ଲୋକ ଧର୍ମୀ ହୋଇ ଯାଆନ୍ତି? କଥାରୁ ନୁହେଁ .... କର୍ମରୁ ହିଁ ଧର୍ମର ଆଭାସ ହୁଏ। ଦେଖିଲ.... ଦେଖିଲ ସେ ମଳିମୁଣ୍ଡିଆ ରକ୍ସାବାଲାକୁ। ନିଜ ମା'ଙ୍କ କଥା ଟିକେ ମନେ ପକେଇଲ।

(ରାଧାବଲ୍ଲଭ ଆଖି ବୁଜି ବସିଥିଲେ)

(କ୍ରୋଡ ଦୃଶ୍ୟ: ମଫସଲ ଗାଁ, ମାଟିଘର। ରାଧାବଲ୍ଲଭଙ୍କ ପିଲାଦିନ। ବୟସ ଚଉଦ, ପନ୍ଦର ହେବ. ଜ୍ୱରରେ ପୀଡିତ ହୋଇ ଶୋଇଛନ୍ତି ଖଟଉପରେ, ଚଦର ଘୋଡେଇ ହୋଇ, ତାଙ୍କ ମା' ମୁଣ୍ଡ ପାଖରେ ବସି ପାଣି ପଟି ଦେଉଛନ୍ତି। ଆଖିରୁ ଲୁହ ଗଡିଯାଉଚି। ମଝିରେ ମଝିରେ ଦୁଇ ହାତ ଯୋଡି ଈଶ୍ୱରଙ୍କୁ ପ୍ରାର୍ଥନା କରୁଛନ୍ତି, ପୁଅର ଦେହ ହାତ ଆଉଁସି ଦେଉଛନ୍ତି।)

ରାଧା - (ଧୀରେ ଆଖି ଖୋଲି) ମା, ମୁଁ ଆଉ ବଞ୍ଚିବିନି ମା। ମୋତେ ବୋଧେ ନିମୋନିଆ ହୋଇଗଲାଣି।

(ଖୁଁ ଖୁଁ କାଶି - ମୁଣ୍ଡ ତକିଆ ଉପରେ ଗଡାଇଲେ)

ମା' - (ବିଧବା, ମଧ୍ୟବୟସ୍କା) ଧନରେ, ସେମିତି କାଳତୁଣ୍ଡିଆ କଥା ମୁହଁରେ ଧରନା ବାପା। ତୋ ଛଡା ଏ ସଂସାରରେ ମୋର ଆଉ କେହି ନାହିଁ। ତୋତେ ହିଁ ଚାହିଁ ଦିନ କାଟୁଛି ବାପା। ତୋର କିଛି ହେବନି। ମୋ ଆୟୂଷ ଠାକୁର ତୋତେ ଦିଅନ୍ତୁ। ତୋ ରୋଗତକ ଝାଡିଝୁଡି ମୋତେ ଦିଅନ୍ତୁ।

(ଦୃଶ୍ୟପଟ ବଦଳିଗଲା। ରାଧାବଲ୍ଲଭ ବିବାହିତ। ସାଂସାରିକ ଜୀବନରେ ପ୍ରତିଷ୍ଠିତ। ତାଙ୍କ ମା' ଏବେ ବୃଦ୍ଧା। ଅସୁସ୍ଥ ଶରୀର ନେଇ ଖଟ ଉପରେ ପଡିରହିଛନ୍ତି।)

ରାଧାବଲ୍ଲଭ-	(ଉଚ୍ଚ ସ୍ୱରରେ) ହଇହେ, ଶୁଣୁଛ ! ମୁଁ ଟିକେ ବାହାରୁ ଆସୁଛି। ଗୋଟେ ସଭାରୁ ନିମନ୍ତ୍ରଣ ଆସିଛି। ଫେରିବା ସନ୍ଧ୍ୟା ହୋଇପାରେ। ରୋଷେଇ କରି ରଖିଥିବ। ଆସିଲେ ସାଙ୍ଗ ହୋଇ ଖାଇବା।
ମିନତି-	(ନବ ବିବାହିତା। ଗହଣାଗାଣ୍ଠି ପିନ୍ଧି, ମୁଣ୍ଡରେ ଓଢଣା ଦେଇ, ଲାଜ କରି ଛିଡା ହୋଇଛନ୍ତି। ଧୀର ସ୍ୱରରେ କହିଲେ) ହେଲେ ମା'ଙ୍କ ଦେହ ଏତେ ଅସୁସ୍ଥ ! ତାଙ୍କୁ ଟିକେ ଡାକ୍ତରଙ୍କୁ ଦେଖେଇଥିଲେ ହୋଇଥାନ୍ତା।
ରାଧା -	(ବିରକ୍ତି ଭରା ସ୍ୱରରେ) ନା, ନା, ଡାକ୍ତର ଫାକ୍ତର ଦରକାର ନାହିଁ। ସାମାନ୍ୟ ଜର ଅଛି। ବର୍ଷାରେ ଭିଜି ବାଡିରେ କାମ କରୁଛି। ବିନା ଛତାରେ ଏପଟ ସେପଟ ଚାଲି ଯାଉଛି। ଜର ହେବନି। ମୁଁ କାଲି ଯେଉଁ ହୋମିଓପାଥି ଔଷଧ ଆଣିଥିଲି, ତାହା ଦୁଇଘଣ୍ଟାରେ ଥରେ ଚାରୋଟି ଗୋଲି ଖୁଆଇବ। ଗରମ ପାଣି ପିଇବାକୁ ଦେବ। ମୁଁ ଆସୁଛି।
ମା -	(କାଶି - କାଶି- ବ୍ୟସ୍ତ ହୋଇ) ରାଧା, ରାଧା... ଏ ରାଧା... କୁଆଡେ ଗଲୁରେ ଧନ ! ଦେଖିଲୁ ବାପା, କେତେ କାଶ ଜର। ମୁଁ ବୋଧେ ଆଉ ବଞ୍ଚିବିନି ରେ। ମୋତେ ନିମୋନିଆ ଧରିଲାଣି କି କ'ଣ !
ରାଧା -	(ମୁହଁ ବୁଲାଇ ନେଇ) କିଛି ହେଇନି ମା, ଔଷଧ ଖାଇବୁ। ଭଲ ହୋଇଯିବୁ। ମିଛୁଟାରେ ବ୍ୟସ୍ତ ହେଉଛୁ କାହିଁକି କହିଲୁ !
ମିନତି -	(ଶାଶୁଙ୍କ ଗୋଡରେ ହାତମାରି, ଗୋଡ ହାତ ମୋଡି ଘଷି ଦେଉଁ ଦେଉଁ) ମା, ସେ ତ କେଉଁ ସଭାକୁ ଚାଲିଗଲେଣି। ମୁଁ ଅଛି ତୁମ ପାଖରେ। ବ୍ୟସ୍ତ ହୁଅ ନାହିଁ। (ମା' ବୋହୂର ହାତକୁ ଧରି ଆଉଁସି ଦେଇ, ତା ମୁଣ୍ଡରେ ନିଜ ହାତରଖି)
ମା -	ଈଶ୍ୱର ତୋତେ ଅହିସୁଲକ୍ଷଣୀ କରି ଥାଆନ୍ତୁ। ତୋ ମଥାରେ ସିନ୍ଦୂର, ହାତର କାଚ ବଜ୍ର ହେଉ। ଦେଲୁ ଟିକେ ପାଣି, ଶୋଷରେ ତଣ୍ଟି ଶୁଖିଯାଉଛି।

(ମିନତି କାଚ ଗ୍ଲାସରେ ପାଣି ପିଇବାକୁ ଦେଲେ)

(ଦୃଶ୍ୟପଟ ବଦଳିଗଲା। ରାଧାବଲ୍ଲଭ ଭୁବନେଶ୍ୱରରେ କୋଠାଘରେ, ନିଜ ଆଭିଜାତ୍ୟ ଢଙ୍ଗରେ ସଜ୍ଜିତ ଡ୍ରଇଂ ରୁମ୍‌ରେ ବସିଛନ୍ତି। ତାଙ୍କ ସାମନାରେ ବସିଛନ୍ତି ଜଣେ ଗାଉଁଲୀ, ଧୋତି କୁର୍ତ୍ତା ପିନ୍ଧା ଲୋକ, ତାଙ୍କର ଦାଦା ପୁଅ ଭାଇ ରମାବଲ୍ଲଭ।)

ରମା - (କନା ବ୍ୟାଗ୍‌ରୁ କିଛି ପରିବା, ଶାଗ, ମଞ୍ଜା, ଭଣ୍ଡା ଆଦି କାଢ଼ି ଗୋଟେ ପାଛିଆରେ ଢାଳି) ଭାଇନା, ଦେଠେଇ ଏ ସବୁ ପଠେଇଛନ୍ତି।

ରାଧା - କ'ଣ ଦରକାର ଏ ସବୁ? ଆଜିକାଲି କିଏ ଏ ମଞ୍ଜା ଫଞ୍ଜା ଆଉ ଖାଉଛି, କହିଲୁ? ତା'ର କ'ଣ ଆହୁରି ବଳ ଅଛି ପରିବା ଚାଷ କରିବା ପାଇଁ?

ରମା - ସେଇଆ କହୁଥିଲି, ଭାଇନା, ଦେଠେଇ ଦେହ ମୋଟେ ଭଲ ରହୁନି। ଖିଆପିଆ ବି ଠିକ୍‌ରେ କରୁନି। ଦୁଇ ଚାରି ଥର ଏଠି ସେଠି ପଡିଗଲାଣି, ମୋ ଝିଅ ଶୋଭା ତା ପାଖେ ପାଖେ ରହିଛି ବୋଲି ସେ ବଞ୍ଚିଛି। ବଞ୍ଚିଛି ଆଉ କ'ଣ - ଜୀଅନ୍ତା ଲାସ୍ ପରି ବଞ୍ଚିଛି। ନା ହସ, ନା ଖୁସି - ଖାଲି ଯାହା ନିଶ୍ୱାସ ଯିବା ଆସିବା କରୁଛି।

ରାଧା - ହଁ, ପଁଷଠି ପାରି ହେଲାଣି। ଦେହ ଖରାପ ହେବା ସ୍ୱାଭାବିକ୍। ମୁଁ କ'ଣ କରିବି କହ!

ରମା - ତୁମେ ତାକୁ ଏଠାକୁ ନେଇ ଆସି ଡାକ୍ତରଙ୍କୁ ଦେଖେଇ ଚିକିତ୍ସା କର।

ରାଧା - ମୁଁ କ'ଣ ତାକୁ ସେ କଥା କହିନି, ଭାବୁଛୁ? ସିଏ ତ କହୁଛି ମୁଁ ଭୋବନେଶ୍ୱର ସହରରେ ଚଳି ପାରିବି ନାହିଁ।

ରମା - ତା ହେଲେ ଭାଉଜ କିଛି ଦିନ ତା ପାଖରେ ରହିଲେ ... ତା ମନ ଟିକେ ବହଲି ଯାଆନ୍ତା। କେତେ କଷ୍ଟ ସହି ତୁମକୁ ମଣିଷ କରିଛି ସେ -

ରାଧା - କଷ୍ଟ ସହି ମୋତେ ମଣିଷ କରିଛି? କହନା ଆଉ ତୁ ସେ କଥା ରମା। ସଂସ୍କୃତ ଟୋଲ୍‌ରେ ପାଠ ପଢ଼ିଲି ବୋଲି ଭଲ ଚାକିରୀ ଖଣ୍ଡେ ପାଇଲିନି।

ରମା - ହେଲେ ତୁମେ ତ ପଣ୍ଡିତ ହୋଇ ଏତେ ନାମ କମେଇଲଣି, ସେଇ ସଂସ୍କୃତ ଯୋଗୁଁ, ନା?

ରାଧ -	ଛାଡ୍- ଛାଡ୍ - ମୋ ଶ୍ୱଶୁର ସାହାଯ୍ୟ କରିନଥିଲେ -
ରମା -	ଛାଡ ପୁରୁଣା କଥା । ଏବେ ଗାଁରେ ବି କରୋନା ମାତିଛି । ଭାବନା ପତି ଘର ପୂରା ପରିବାର କରୋନାରେ ପଡି ଛଟପଟ ହେଲେ । ଭାବନାର ବାପା ଡାକ୍ତରଖାନାରେ ଅମ୍ଳଜାନ ଅଭାବରୁ ଚାଲିଗଲେ । ଗାଁ ଶାସନର ଅଧାରୁ ଅଧିକ ଘରେ ମାଡି ଗଲାଣି କରୋନା । ଦେଢେଇ ବାଡି ବଗିଚା, ତୋଟାମାଳ ବୁଲୁଛନ୍ତି । ଯଦି କିଛି ଅସୁବିଧା ହୁଏ....
ରାଧା -	(ବିରକ୍ତି ପ୍ରକାଶ କରି ଏପଟ ସେପଟ ଚାଲବୁଲ କରି) ଏଠି କ'ଣ କରୋନା ନାହିଁ ? ଏଠି ପରା ସବୁଠୁ ବେଶୀ ରୋଗୀ । ଡାକ୍ତରଖାନାରେ ବେଡ୍ ମିଳୁନି କି ଆଇ.ସି.ୟୁ. ରେ ଅକ୍ସିଜେନ୍ ମିଳୁନି ।
ରମା -	ତେବେ ଦେଢେଇ ପାଇଁ ଟିକାର ବ୍ୟବସ୍ଥା ତ କରି ପାରିବ ତୁମେ ଭାଇନା । ତାଙ୍କର ବୟସକୁ ଦେଖି ଡର ମାଡୁଛି - କିଛି ହେଇଗଲେ -
ରାଧା -	ଯା, ଯା - କିଛି ହେବନି ତା'ର । ମିନତି, ମିନତି, ରମା ପାଇଁ ଚା, ଜଳଖିଆ ପଠେଇଲ । (ଜଣେ ପିଅନ କିଛି ସମୟ ଭିତରେ ଚା, ଜଳଖିଆ ଧରି ଆସି ଟ୍ରେ ରଖିଲା ଟିପୟ ଉପରେ)
ରମା -	ଏ ସବୁ କ'ଣ ହେବ ଭାଇନା ? ମୁଁ ଘରୁ ଖାଇ ଆସିଛି । ବସ ବନ୍ଦ ଯୋଗୁଁ ଅଟୋ କରି ଆସିଛି । ଅଟୋ ତଳେ ଛିଡା ହୋଇଛି । ମୁଁ ଏଇନେ ଚାଲିଯିବି ।
ରାଧା -	ଗାଁ ଡାକ୍ତରଖାନାକୁ ଭ୍ୟାକ୍ସିନ୍ ମିଳିନି ?
ରମା -	ନା - ଏ ପର୍ଯ୍ୟନ୍ତ ତ ମିଳିନି । ଆଗେ ରାଜଧାନୀବାସୀଙ୍କ ଚାହିଦା ପୂରଣ ହେଲା ପରେ ସିନା ଗାଁର ମଳିମୁଣ୍ଡିଆଙ୍କ କଥା ସରକାର ବୁଝିବ । (ମିନତି ଡ୍ରଇଂ ରୁମ୍‌କୁ ପଶି ଆସି)
ମିନତି-	ରମା, ତୁମେ ଆସିଲା ବେଳେ ମା'ଙ୍କୁ ସାଙ୍ଗରେ ଧରି ଆସି ପାରିଲ ନି ?
ରମା -	ସିଏ ରାଜି ହେଲେ ତ ଆଣିବି ।

ମିନତି - ତାଙ୍କର ତ ସେଇ ଗୋଟିଏ ରଟ। ନାତି, ନାତୁଣୀ ନାହାନ୍ତି, ସେଠି ଯାଇ କ'ଣଟା କରିବି ? ମୁଁ ଏବେ ନିଜ ଇଚ୍ଛାରେ କୋଉଠୁ ତାଙ୍କୁ ନାତି, ନାତୁଣୀ ଯୋଗେଇଦେବି, କହିଲ।

ରମା - ସବୁ ସେଇ ଈଶ୍ୱରଙ୍କ ଇଚ୍ଛା। ଭାଇନାଙ୍କର ଗାଡି ଅଛି। ଚେଷ୍ଟାକର ଦିନେ ଯାଇ ବୁଢୀଟାକୁ ଦେଖି ଆସିବାକୁ। ବେଶୀଦିନ ବଞ୍ଚି ନପାରେ। (ରମା ଜଳଖିଆ ନଖାଇ ବାହାରି ଗଲା)

■

- ଚତୁର୍ଥ ଦୃଶ୍ୟ -

(ରାଧାବଲ୍ଲଭଙ୍କ ସୁସଜ୍ଜିତ ପ୍ରାର୍ଥନା ସଭା। ଗୋଟିଏ ମଣ୍ଡପ ଉପରେ ସୁବର୍ଣ୍ଣ ରଙ୍ଗର କାରୁକାର୍ଯ୍ୟ ଖଚିତ ଏକ ଉଚ୍ଚ ପ୍ରଶସ୍ତ ଚଉକି ଉପରେ ବସିଛନ୍ତି ରାଧାବଲ୍ଲଭ। ଦେହରେ ଦାମୀ ସିଲ୍‌କ କୁର୍ତ୍ତା ପାଇଜାମା, ବେକରେ ଅନେକ ଗୁଡାଏ ତୁଳସୀ ମାଳ, ବିଭିନ୍ନ ସାଇଜ୍‌ର। ଡାହାଣ ହାତର ଆଙ୍ଗୁଠିରେ ଚାରି ଚାରିଟା ବିଭିନ୍ନ ପଥର ମୁଦି। ବାମ ହାତର ଆଙ୍ଗୁଠିରେ ଦୁଇଟି ବଡ ବଡ ସ୍ୱର୍ଣ୍ଣ ମୁଦ୍ରିକା। ତାଙ୍କର ଭାଷଣ ରେକର୍ଡିଂ ହେଉଛି। 'ପ୍ରାର୍ଥନା' ଚାନେଲ୍‌ରେ ସକାଳ ୬.୩୦ରେ ତା ପରଦିନ ପ୍ରଚାରିତ ହେବ, କରୋନା ଯୋଗୁଁ ସଭାରେ ଭକ୍ତଙ୍କ ଯୋଗଦାନକୁ ସରକାର ମନା କରି ଦେଇଛନ୍ତି।
ଷ୍ଟେଜ୍ ଉପରେ ବଡ ଟି.ଭି. କ୍ୟାମେରା ଧରି ରାଧାବଲ୍ଲଭଙ୍କ ପ୍ରବଚନ ଭିଡିଓ ରେକର୍ଡିଂ କରୁଛି ଜଣେ କ୍ୟାମେରାମ୍ୟାନ୍)

ରାଧା - (ପ୍ରବଚନ ଦେବା ଶୈଳୀରେ)
ହଁ, ଆମେ ସମସ୍ତେ ଏକ ବିପଦପୂର୍ଣ୍ଣ ସମୟ ଦେଇ ଗତି କରୁଛେଁ। ଏହା ଈଶ୍ୱରଙ୍କର ମାନବ ଜାତି ପାଇଁ ପରୀକ୍ଷା। ଏହି ପରୀକ୍ଷା ସମୟରେ ଯିଏ ଦୁଃଖରେ ଭାଙ୍ଗି ନପଡି, ପ୍ରିୟଜନଙ୍କ ଅକାଳ ମୃତ୍ୟୁରେ ବିଷାଦଗ୍ରସ୍ତ ନହୋଇ, ଈଶ୍ୱରଙ୍କ ପାଖରେ ଶରଣାପନ୍ନ ହେବ, ସେଇ ଏ ପରୀକ୍ଷାରେ ପାଶ୍ କରିବ।

ଆପଣମାନେ ଜାଣନ୍ତି, ମୁଁ ଆଗରୁ ବହୁବାର କହିଛି, ଯେ ଦୁଃଖରେ ଭାଙ୍ଗିପଡେ ସେ ସାମାନ୍ୟ କଙ୍କଡା ମାତ୍ର ଯିଏ ସ୍ଥିତପ୍ରଜ୍ଞ ଓ ସ୍ଥିର ରହେ ସେ ଭଗବାନ ଶଙ୍କର। ଆମେ ସମସ୍ତେ ଏକା ପରି ଦେହ, ମନ, ଆତ୍ମା ନେଇ ଜନ୍ମ ନେଇଥିଲେ ମଧ୍ୟ ଆମ ସମସ୍ତଙ୍କର ପ୍ରକୃତି ଅଲଗା। ଯେମିତି କିଛି ମାର୍ବଲ ପଥର ପାଦ ତଳେ ପଡେ ଓ ସମସ୍ତଙ୍କର ଗୋଇଠା ପାଏ, ଅଥଚ ସେହି ମାର୍ବଲର ଅନ୍ୟ ଏକ ଖଣ୍ଡରେ ସ୍ୱୟଂ ନାରାୟଣ, ଲକ୍ଷ୍ମୀ, ସରସ୍ୱତୀ, ଶ୍ରୀରାମ କି ହନୁମାନଙ୍କ ମୂର୍ତ୍ତି ନିର୍ମାଣ ପାଇଁ ବ୍ୟବହାର ହୁଏ, ସେହିପରି ମଣିଷମାନଙ୍କ ଭିତରୁ କିଛି ପଣ୍ଡିତ ଓ କିଛି ମୂର୍ଖ, କିଛି ଧନୀ କିଛି ଗରିବ, କିଛି ବଳବାନ୍ କିଛି ଦୁର୍ବଳ ହୋଇ ଥାଆନ୍ତି। ଏହା ଈଶ୍ୱରଙ୍କ ସୃଷ୍ଟିର ନିୟମ। ଯେ ବଳଶାଳୀ ଓ ବୁଦ୍ଧିମାନ ସେ ସମସ୍ତଙ୍କ ଉପରେ ରାଜୁତି କରେ, କିନ୍ତୁ ଯେ ଦୁର୍ବଳ ସେ ସମସ୍ତଙ୍କର ସେବା କରିବାକୁ ବାଧ୍ୟ ହୁଏ। ଭକ୍ତଜନ, ମୁଁ କହିବାକୁ ଚାହୁଁଛି, ଯେ ଆମେ ଦୁଃଖକୁ ନଡରି, ବିପଦରେ ଭାଙ୍ଗି ନପଡି, ନିଜକୁ ସୁନ୍ଦର ମାର୍ବଲ କରି ଗଢିବା। ତାହା କିପରି ସମ୍ଭବ? ସମ୍ଭବ ..... ନିଶ୍ଚୟ ସମ୍ଭବ।

(ଏହି ସମୟରେ ଘର ବାହାରେ ହୋ-ହୋ-ଶବ୍ଦ ଶୁଭିବାରୁ କ୍ୟାମେରାମ୍ୟାନ୍ ନିଜର ମେସିନ୍ ବନ୍ଦ କରି କହିଲା, କଟ୍ - କଟ୍)

ରାଧା - (ବିରକ୍ତ ହୋଇ)

ଆରେ କଟ୍ କରିଦେଲ କାହିଁକି? ଆଉ ପାଞ୍ଚ ମିନିଟ୍‌ରେ ଆଜିର ପ୍ରବଚନ ସରି ଥାଆନ୍ତା।

କ୍ୟାମେରାମ୍ୟାନ୍ - ଆଜ୍ଞା, ବାହାରେ କିଛି ଗଣ୍ଡଗୋଳର ଶବ୍ଦ ଶୁଭୁଛି। କରୋନା ସମୟ ତ! ଡର ଲାଗୁଛି। ଟିକେ ଦେଖି ଆସେ।

ରାଧା - ଆଚ୍ଛା, ଠିକ୍ ଅଛି, ଦେଖି ଆସ।

(କ୍ୟାମେରାମ୍ୟାନ୍ ବାହାରକୁ ଚାଲିଯିବା ପରେ ରୁମ୍ ଭିତରକୁ ପଶି ଆସେ ମାଧବ। ଏତେ ବଡ ସୁସଜ୍ଜିତ କୋଠରୀ ଓ ବଡ ଚଉକି ଉପରେ ବସିଥିବା ରାଧା ବଲ୍ଲଭଙ୍କୁ ଦେଖି ଚମକି ପଡେ ସେ)

ମାଧବ - (ହତଚକିତ ହୋଇ) ବାବୁ ଆଜ୍ଞିଆଁ। ଜୁହାର... ତମେ ଏଇଠି.... ??

ରାଧା - (ମାଧବ ପାଖକୁ ଉଠି ଆସି)

କିରେ, ତୁ ଏଠି କେମିତି? ମୋ ଘର ପାଇଲୁ କେମିତି?

ମାଧବ - ଆଜ୍ଞିଆଁ, ବହୁତ ପଚରା ପଚରି କରି ଆସିଲି। ମୋ ରିକ୍ସାରେ। ସେଇ ଟିକାକେନ୍ଦ୍ରରୁ ତମ ଆପଣଙ୍କ ଠିକଣା ଯୋଗାଡ କଲି। କଥା ଟେ ଥିଲା ତ -

(କ୍ୟାମେରାମ୍ୟାନ୍ ଭିତରକୁ ଆସି ରାଧାବଲ୍ଲଭଙ୍କ କାନରେ କ'ଣ ଚୁପ୍ ଚାପ୍ କରି କହିଲା)

ରାଧା - ହଁ, ହଁ, ବୁଝିଲି। (ବାହାରକୁ ଚାଲିଗଲେ)

ମାଧବ - ଆଜ୍ଞିଆଁ, ମୁଁ ଟିକେ ସାର୍ ଆଜ୍ଞିଆଁଙ୍କ ସାଙ୍ଗରେ ପଦେ କଥା ହେଇଥାଆନ୍ତି।

କ୍ୟାମେରାମ୍ୟାନ୍- ରୁହ, ରୁହ, ରାସ୍ତାରେ ପରା କିଏ ଜଣେ ଗୋଟେ ମଡା ଥୋଇ ଦେଇ ପଳେଇଯାଇଛି ଯେ ଲୋକ ଘେରିଗଲେଣି।

ମାଧବ- ଆଁ! ମଡା ରଖିଦେଇ ପଳେଇଲା। କେମିତିଆ ଲୋକ ବା?

କ୍ୟାମେରାମ୍ୟାନ- ତମର ପଣ୍ଡିତଙ୍କ ପାଖରେ କି କାମ ଥିଲା ବାବୁ?

ମାଧବ - କ'ଣ କି - ତେମେ ଆପଣେ ପଣ୍ଡିତେ ସାର୍‌ଙ୍କୁ ମୁଁ ଟିକା କେନ୍ଦ୍ରରେ ଭେଟ ହେଏଥିଲି। ମୋତେ ଗୁଟେ କୁପନ୍ ପାଇଁ ଦଶ ହଜାର ଦେବେ କଇଥିଲେ। ମୁଁ ଆଜି ମୋର ଆଉ ମୋ ମାଇକିନାର ଦି'ଟା କୁପନ କରି ଛପି କରି ପଳେଇ ଆଇଲୁ, ସାର୍‌ଙ୍କୁ ଦେଖା କରିବା ପାଇଁ। ଯଦି ନେବେ ତ - କିଛି ତ ମିଳିବ....

କ୍ୟାମେରାମ୍ୟାନ- ହେ, ହେ, ବଡ ଅଜବ ଲୋକ ହେ ତମେ - କ'ଣ ଟିକା କୁପନ ବିକ୍ରୀ କରିବାକୁ ଆଇଚ ଏଠିକି?

ମାଧବ- ମୁଁ କ'ଣ ଜାଣିଥିଲି ଏ କଥା। ପଣ୍ଡିତେ ଆଜ୍ଞିଆଁ ମୋତେ ସେଦିନ ଶିଖେଇଲେ ନା - କହିଲେ ତୋ କୁପନ୍‌ଟା ଦେ, ମୁଁ ପାଞ୍ଚ ହଜାରେ ଦେବି। ମୁଁ ଦଶ ହଜାର ମାଗିଲାରୁ ମନା କଲେ ପରା - (ଷ୍ଟେଜ୍ ଉପରକୁ ଆସିଲେ ମିନତି, ରାଧାବଲ୍ଲଭଙ୍କ ପତ୍ନୀ)

ମିନତି- (ମାଧବକୁ ଦେଖି) ଆରେ ତୁମେ? ତୁମେ କେମିତି ଆଇଲ ଏଆଡେ? କ'ଣ କିଛି କାମ ଥିଲା? (କ୍ୟାମେରାମ୍ୟାନ୍‌କୁ) ବାବୁ ଗଲେ କୁଆଡେ? ଫୋନ୍‌ଟା ବାଜି ବାଜି ଥକି ଗଲାଣି। ମତେ ତ ମନା କରିଛନ୍ତି ତାଙ୍କ ଫୋନ୍ ଉଠେଇବାକୁ।

କ୍ୟାମେରାମ୍ୟାନ୍- ମା, ଅଘଟଣଟେ ଘଟିଯାଇଛି ପରା। ରାସ୍ତା ଉପରେ ଗୋଟେ ସ୍ତ୍ରୀ ଲୋକର ମଡା ପକେଇ ଦେଇ ପଳେଇଛି କିଏ ଜଣେ। ଗୋଡେ

ଚଦର ଘୋଡା ହୋଇ ପଡିଛି । ବାବୁ ଧାଇଁ ଗଲେ ଲୋକଙ୍କୁ ବୁଝେଇବାକୁ

ମିନତି- ଏ ଯୁଗ କ'ଣ ହେଲା କୁହ ଦେଖି ! ଲୋକେ ଆଉ ଧର୍ମ କର୍ମ କିଛି ମାନୁନାହାନ୍ତି । କଳିଯୁଗ ଶେଷ ହେଲା ଜାଣ, ପାପ ଭାରା ଏତେ ବଢିଗଲାଣି -

ମାଧବ - ମା, ତେମେ ଆପଣଙ୍କ ପାଇଁ ଏ ଟିକା କୁପନ ନେଇ ଆଇଥେଲି । ମୋ ମାଇକିନାକୁ, ଛୁଆ ଦି'ଟାଙ୍କୁ ଭାରି ଜର । ପାଖରେ ଟଙ୍କା ପଇସା ନାହିଁ । ଡାକ୍ତରଖାନା ଗଲେ ସାଙ୍ଗେ ସାଙ୍ଗେ ଟିକଟ ନେଖି ଦେବେ । କହିବେ ଔଷଧ, ଇଂଜେକ୍‌ସନ୍ କିଣି ଆଣ ।

(ରାଧାବଲ୍ଲଭ ଭିତରକୁ ପଶି ଆସିଲେ । ଆଖିରୁ ବହି ଯାଉଛି ଲୁହ ଧାରା ରୁମାଲ୍‌ରେ ପୋଛି)

ରାଧା - ମିନତି ! ମିନତି ! (ମିନତିକୁ ନିଜ କାନ୍ଧରେ ଲଗାଇ) ମୁଁ କେଡେ ବଡ ପାପୀ ! କେତେ ବଡ ଠକ, ଦ୍ୱାଚୋର... ମା....

ମିନତି - (ତାଙ୍କୁ ହଲେଇ ଦେଇ) ଆରେ କ'ଣ ହେଲା ? ଏମିତି କାହିଁକି କହୁଛ ? କ'ଣ ହେଲା ? ମା.... ମାଙ୍କର କ'ଣ ହେଲା ?

ରାଧା - (ସମସ୍ତଙ୍କ ମୁହଁକୁ ବଲବଲ କରି ଚାହିଁଥାନ୍ତି) ମୁଁ ପାପୀ ମୁଁ ଘୋର ପାପୀ... ମୁଁ କୁମ୍ଭୀପାକ ନର୍କରେ ଘାଣ୍ଟି ହେବି -

ମାଧବ- (ରାଧାବଲ୍ଲଭଙ୍କୁ ଆଉଁସି)

ନା, ନା, ସେମିତି କୁହନା - ପଣ୍ଡିତ ଆଜ୍ଞିଆଁ... ଆମେ ମୂରୁଖ ନୋକ, ଆମେ ପାପୀ....

ରାଧା - (ମିନତିକୁ ବିକଳରେ ଚାହିଁ)

ମୋ ମା' ... ମୋ ମା'... ମୋ ମା' ପଡିଛି ରାସ୍ତାରେ । କିଏ ପକେଇ ଦେଇଗଲା ମୋ ମା'କୁ ଏମିତି... କିଏ... ରମା ହେଇଥିବ... ରମା... ରମା... ରେ ରମା...

ମିନତି - (ରାଧାବଲ୍ଲଭଙ୍କୁ ଛାଡିଦେଇ ବାହାରକୁ ଦୌଡିଗଲେ)

କ୍ୟାମେରାମ୍ୟାନ୍ - ପଣ୍ଡିତେ... ଆପଣଙ୍କ ମା' ସିଏ ?

ରାଧା- ହଁ ରେ, ମୁଁ ଚାଣ୍ଡାଳ । ମୋତେ ଆଉ ପଣ୍ଡିତ କହି ଅପମାନ କରନା - ମୁଁ ଚାଣ୍ଡାଳ । ଏ ରିକ୍‌ସାବାଲା ତା ମା' ପାଇଁ କରୋନା ଟିକା ବନ୍ଦୋବସ୍ତ କଲା । ମୁଁ ମା' କଥା ଟିକିଏ ଭାବିଲିନି । ସେଇ ମା' -

ଯିଏ ମୋତେ ଜନ୍ମଦେଇ, କୋଳେଇ କାଖେଇ, ପେଟରୁ କାଟି, ଆଉଁସି ଘଷି ମଣିଷ କରିଥିଲା ।

ମାଧବ - ତେମେ ମା' କୁ ଏକେଲା ଛାଡି ଦେଇଥିଲ କି ହୋ ?

ରାଧା - ହଁ, ହଁ, ମୁଁ ପାଷାଣ୍ଡ । ମା' କୁ ଗାଁରେ ଏକୁଟିଆ ଛାଡି ଆସିଥିଲି । କେଇଦିନ ତଳେ ମୋ ଦାଦା ପୁଅ ଭାଇ ହାତରେ ମା' ପରିବା ପଠେଇଥିଲା । ରମା କହୁଥିଲା, ତା ଦେହ ଭଲ ନାହିଁ, ଯାଇ ଦେଖି ଆସିବାକୁ ।

ମାଧବ - ତେମେ ଗଲନି ? କେମିତିକା ଲୋକ ହେ ତେମେ ? ବୁଢୀ ମଣିଷକୁ ଏକେଲା....

ରାଧା- ମୁଁ ଏ କଳିଯୁଗର ପାପୀ ରାକ୍ଷସ ମଣିଷ । ନିଜ ସ୍ୱାର୍ଥପାଇଁ, ସୁଖପାଇଁ, ସମ୍ପତ୍ତି, ପ୍ରତିପତ୍ତି ପାଇଁ ପଣ୍ଡିତ ନାଁ ନେଇ ମିଛ ପ୍ରବଚନ ଦେଇ ଲୋକଙ୍କୁ ଭଣ୍ଡଉଛି । ମା'କୁ ହତ୍ୟା କରିଥିବା ନରହନ୍ତା ପାପୀ ମୁଁ । ମୁଁ ଭଣ୍ଡ । ମୁଁ ପଣ୍ଡିତ ନୁହେଁ, ମୁଁ ମୂର୍ଖ, ମୁଁ ଶଠ, ମୁଁ କାପାଳିକ....

ମାଧବ- (ନିଜ ମୁଣ୍ଡରେ ହାତ ଦେଇ ତଳେ ବସିପଡିଥାଏ)

(ହୋ ହୋ ହୋଇ ପାଗଳଙ୍କ ପରି ହସିବା ବେଳେ ପରଦା ପତନ)

ଶ୍ମସାନର କୋହ

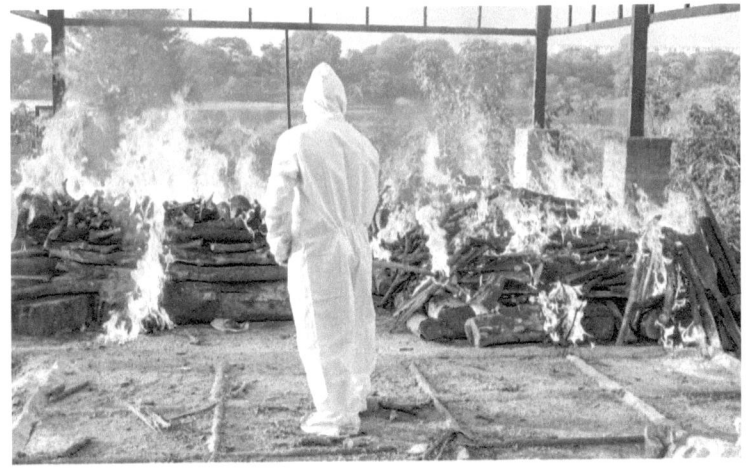

ଶ୍ମସାନର କୋହ

- ନାଟ୍ୟ ଚରିତ୍ର -

ମଧୁସୂଦନ
ସୁନୟନା -   ବୃଦ୍ଧାଶ୍ରମର ପରିଚାଳିକା
ମଧୁସୂଦନଙ୍କ ମା'
ହରି -   ବୃଦ୍ଧାଶ୍ରମର ସେବାକାରୀ
ସୋନୁ -   ମଧୁସୂଦନଙ୍କ ନାତି
ଓକିଲ

- ପ୍ରଥମ ଦୃଶ୍ୟ -

(ଗୋଟେ ବୃଦ୍ଧାଶ୍ରମର ଗୋଟିଏ କକ୍ଷ। ଦୁଇଟି ବେଡ୍ ମୁହାଁମୁହିଁ ପଡିଥାଏ। ଗୋଟେ ଝରକା ପାଖକୁ ଖଣ୍ଡେ ପ୍ଲାଷ୍ଟିକ୍ ଟେବୁଲ୍ ଓ ଦୁଇଟି ପ୍ଲାଷ୍ଟିକ୍ ଚେୟାର। ଟେବୁଲ୍ ଉପରେ ରହିଥାଏ ଦୁଇଟି କାଚ ଗ୍ଲାସ, ମୁହଁରେ ପ୍ଲାଷ୍ଟିକ୍ କଭର। ଗୋଟେ ବଡ ପ୍ଲାଷ୍ଟିକ୍ ଜଗ୍‌ରେ ପିଇବା ପାଣି।

ଗୋଟିଏ ବେଡ୍ ଖାଲି ପଡିଥାଏ। ଅନ୍ୟ ଗୋଟିଏ ବେଡ୍‌ରେ ଶୋଇ ରହିଥାନ୍ତି ଜଣେ ବୃଦ୍ଧା। ଦେହରେ ଖଣ୍ଡେ କମଳ। ମୁଣ୍ଡତଳ ତକିଆ ଟିକେ କୋତରା। ବେଡ୍‌ର ହେଡ୍ ହେଡ୍ ବୋର୍ଡକୁ ଲାଗି ଟଙ୍ଗା ହୋଇଥାଏ ଖଣ୍ଡେ ଫ୍ରେମ୍ ବନ୍ଧେଇ ଫ୍ୟାମିଲି ଫଟୋ। ସମୟ ସକାଳ ସାତଟା)

(ସେବାକାରୀ ଜଣେ ବୟସ୍କ ଲୋକ ହରି ହର ହାତରେ ଚା କପ୍ ଧରି ପଶି ଆସି ଦେଖିଲା, ବୁଢାବାବୁ ଶୋଇଛନ୍ତି। ଚା କପ୍ ପ୍ଲେଟ୍ ସହ ଟେବୁଲ୍ ଉପରେ ରଖିଦେଇ ଡାକିଲା)

ହରି - (ହଲେଇ ଦେଇ) ଆଜ୍ଞା, ବାବୁ ଉଠନ୍ତୁ। ଚା ଆଣିଛି ପରା। (ଉଁ... ଉଁ.. କହି ଟିକେ ଭିଡିମୋଡି ହେବା ପରେ କମଳଟା ମୁଣ୍ଡ ଉପରକୁ ଟାଣି ନେଇ ଘୋଡେଇ ହୋଇ ଶୋଇବାକୁ ଚେଷ୍ଟା କରନ୍ତି ବାସ୍ତରୀ ବର୍ଷର ବୃଦ୍ଧ ମଧୁସୂଦନ ତ୍ରିପାଠୀ।)

ହରି - (କମଳଟା ଟାଣି ପକେଇ) ଆଜ୍ଞା, ବୁଢା ବାବୁ, ଉଠ... ଚା' ଆଣିଛି। (କପାଳରେ ହାତ ଦେଇ ଚମକି ପଡେ) ଏଁ, କ'ଣ ଏତେ ତାତିଛି ! ! ଜ୍ୱର ଆଇଲାକି ? ବାବୁ, ହେ ବାବୁ, କ'ଣ ଦିହ ଭଲ ଲାଗୁନି କି ?

ମଧୁସୂଦନ - (ବିଛଣାରୁ ଉଠିବାକୁ ଚେଷ୍ଟା କରନ୍ତି, କିନ୍ତୁ ପାରନ୍ତିନି ମୁଣ୍ଡଟା ଧରି ପଡି ଯାଆନ୍ତି ପୁଣି ବିଛଣା ଉପରେ)

ଓଃ... ଓଃ... (ଖୁଁ ଖୁଁ କାଶନ୍ତି) ଓଃ... ମୋ ମୁଣ୍ଡ.. ମୁଣ୍ଡଟା ଭାରି ବିନ୍ଧୁଛି ରେ ହରି। ଚା ଆଣିଛୁ ? ମା'ଙ୍କୁ କହିଲୁ ଗୋଟେ କିଛି ବଟିକା ଦେବେ।

ହରି - (ତରବରରେ ଚାଲି ଯାଉଁ ଯାଉଁ)

ଏ ମା..., ଏ ବୁଢାକୁ ପୁଣି ସେ ଡାକୁଣିଖିଆ କରୁନା ଧଇଲା କି ? ଜଣେ ତ ଯାଇ ପଡିଛି ଡାକ୍ତରଖାନାରେ। ଡାକେଁ ନର୍ସ ଦିଦିଙ୍କୁ।

(କିଛି ସମୟ ପରେ ହାତରେ ଗୋଟେ ନୂଆ ଲୁଗା ଥିବା କାଗଜ ବ୍ୟାଗ୍ ଧରି ପାଣି ଆସିଲେ ସୁନୟନା ଦେବୀ, ବୃଦ୍ଧାଶ୍ରମର ପରିଚାଳିକା। ମଧୁସୂଦନଙ୍କୁ ଲକ୍ଷ୍ୟ କରି କହିଲେ)

ସୁନୟନା- ମଉସା, କ'ଣ ଆଜି ଏପର୍ଯ୍ୟନ୍ତ ବିଛଣାରୁ ଉଠିନ ? ମର୍ଣ୍ଣିଂ ୱାକ୍ ଭୁଲିଗଲ କି ? (ଟେବୁଲ୍ ଉପରେ ଥୁଆ ହୋଇଥିବା ଚା କପ୍ ଦେଖି) ଆରେ, ଚା ବି ପିଇନ ! କ'ଣ ହେଇଛି ଯେ ? ଉଠ... ଉଠ... ଆଜି କେତେ ତାରିଖ ମନେ ଅଛି ଟି ?

(ମଧୁସୂଦନ ବିଛଣାରେ ପଡି ସୁନୟନାଙ୍କ ମୁହଁକୁ ଚାହିଁ ନିଜ କପାଳକୁ ଘସି ହେଲେ)

ମଧୁ - ଓଃ, ଓଃ... ମୋ ମୁଣ୍ଡ ଭାରି ବିନ୍ଧୁଛି। ଦେହ ହାତ ଘୋଳେଇ ହେଉଛି। (ଖୁଁ ଖୁଁ କାଶିଲେ)

ସୁନୟନା - (ହାତରେ ଧରିଥିବା ଲୁଗା ପ୍ୟାକେଟ୍ ଟେବୁଲ୍ ଉପରେ ଥୋଇ ତାଙ୍କ ଠାରୁ ଟିକେ ଘୁଞ୍ଚିଯାଇ) ମଉସା, ମୁଣ୍ଡ ବିନ୍ଧୁଛି ? କ'ଣ ଜର ଆସିଛିକି ?

(କାଶ ଓ ଛିଙ୍କ ଲଗାତାର ହେବା ଦେଖି - ହାତରେ ଧରିଥିବା ମାସ୍କଟିଏ ନିଜ ମୁହଁରେ ଲଗାଇ ଅନ୍ୟଟି ମଧୁସୂଦନଙ୍କ ମୁହଁରେ ଭିଡି ଦେଲେ)

ମଧୁ - (ଉଠି ବସି) ଓଃ.... ଗୋଟେ କ'ଣ ବଟିକା ଦେବ କି ମା ? ହରିକୁ କହିଥିଲି....

ସୁନୟନା - ବ୍ୟସ୍ତ ହୁଅନା, ମୁଁ ଟାବ୍‌ଲେଟ୍ ପଠେଇବି । ହେଲେ ମନେ ଅଛି ତ, ଆଜି ପରା ମେ ପଚିଶ ତାରିଖ । ତୁମର ଜନ୍ମଦିନ । ମୁଁ ମନେ ରଖିଛି । ଏଇ ଦେଖ, ତୁମ ପାଇଁ ନୂଆ ସାର୍ଟ, ପ୍ୟାଣ୍ଟ ଆଣିଛି ଟିକେ ଧୁଆଧୋଇ ହୋଇ ପିନ୍ଧି ପକେଇବ । ମୋ ବୋହୂ ଚକୁଳି ପିଠା ଆଉ କ୍ଷୀରି ତିଆରି କରୁଛି ଖାଇବାକୁ ପଡିବ ।

ମଧୁ - (ହତାଶ ହୋଇ ସୁନୟନାଙ୍କ ମୁହଁକୁ ଚାହିଁଥାନ୍ତି) ମା, କାହିଁକି ଆଉ ଏ ବୁଢା ପୁଅଟାକୁ ଟାଣି ଧରିବାକୁ ଚେଷ୍ଟା କରୁଛ ? ଜନ୍ମ ଦିନ.....!!! ନା, ମରଣ ଦିନ....

ସୁନୟନା- (ତାଙ୍କ ହାତ ପାପୁଲିକୁ ଜାବୁଡି ଧରି)

ଛି.... ଛି... ମଉସା, ସେମିତି କୁହନା.... ଆଜି ତୁମର ବାସ୍ତରୀ ପୁରି ତେସ୍ତରୀ ଚାଲିଲା । (ପଶି ଆସିଲେ ହରି ସହ ଜଣେ ନର୍ସ, ହାତରେ ଅକ୍ସିମିଟର, ଥର୍ମୋମିଟର । ଦୁହିଁଙ୍କ ମୁହଁରେ ଡବଲ ମାସ୍କ)

ଆରେ, ଏଇତ ହରି ଡାକିଆଣିଲାଣି ଜ୍ୟୋତ୍ସ୍ନା ଦିଦିଙ୍କୁ । ଦେଖିଲ, ମଉସାଙ୍କ ଦେହରେ ଜର ଅଛି କି ?

(ନର୍ସ ପ୍ରଥମେ ଥର୍ମୋମିଟର ଓ ପରେ ଅକ୍ସିମିଟର ଦେଇ ମଧୁସୂଦନଙ୍କର ଚେକ୍‌ଅପ୍ କଲା ।)

ନର୍ସ - ମ୍ୟାଡାମ୍, ଟେମ୍ପରେଚର ୧୦୨୦ । ଆଉ ଅକ୍ସିଜେନ୍ କନ୍‌ସେଣ୍ଟ୍ରେସନ୍ ଲେବଲ ବି ୮୨ ହେଲାଣି । କ'ଣ କରିବା ?

ସୁନୟନା- (ନିଜ ମୋବାଇଲ୍ କାଢି ନମ୍ବର ଡାଏଲ୍ କଲେ)

ଠିକ୍ ଅଛି । ବ୍ୟସ୍ତ ହେବାନି । ଏ ସମୟଟା ଖରାପ । ମୁଁ ରେଫ‌ରାଲ୍

୧୯୨୯କୁ ଫୋନ୍ କରି ଦେଇଛି। ଆମ୍ବୁଲାନ୍ସ ପହଞ୍ଚିଯିବ। କିନ୍ତୁ ତା ପୂର୍ବରୁ ମଉସାଙ୍କୁ ଗୋଟେ କ୍ରୋସିନ୍ ଟାବ୍‌ଲେଟ୍ ଦିଅ। ମୁହଁ ଧୋଇ ଟିକେ କ'ଣ ଖାଇ.... ହରି ଧାଇଁଗଲୁ, ବିସ୍କୁଟ୍ ପ୍ୟାକେଟ୍ ଗୋଟେ ଷ୍ଟୋର୍‌ରୁ ଆଣିଲୁ।

ମଧୁ - (ଖୁଁ ଖୁଁ ଲଗାତାର କାସୁଥାନ୍ତି)

ଟିକେ ମୋ ପୁଅକୁ ଖବର ଦେବେନି ? ମୋ ନାତି ସୋନୁ ତ ଏଇ ସହରରେ କେଉଁ କଲେଜରେ ବି.ଟେକ୍ ପଢୁଛି। ତାକୁ ଟିକେ ଜଣେଇ ଦେବେନି !

ସୁନୟନା - ଆପଣଙ୍କ ଫୋନ୍‌ଟା ଦେଲେ ମଉସା ! ମୁଁ ସମସ୍ତଙ୍କୁ କଲ୍ କରିବି। ମୋ ପାଖରେ ପରା ଆପଣଙ୍କ ପରିବାରର ସମସ୍ତଙ୍କର କଣ୍ଟାକ୍ଟ ଲିଷ୍ଟ୍ ରହିଛି। ବ୍ୟସ୍ତ ହୁଅନା। ଉଠ, ଉଠ... ଆଜି ପରା ଏତେ ବଡ ଶୁଭଦିନ। ମଉସାଙ୍କ ଜନ୍ମଦିନ। ନିଅ... ବାଥ୍‌ରୁମ୍‌ରୁ ଆସି ଏ ନୂଆ ସାର୍ଟ ପ୍ୟାଣ୍ଟ ପିନ୍ଧିଦିଅ।

ମଧୁ - କ'ଣ ହେବ ମା ଏ ନୂଆ ସାର୍ଟ୍ ପ୍ୟାଣ୍ଟ ଆଉ ? କାହିଁକି ଅଯଥାରେ... (ଉଠି ପଡି ବାଥ୍‌ରୁମ୍ ଯିବାକୁ ବାହାରିବା ବେଳେ ମୁଣ୍ଡ ବୁଲେଇ ଦେବାରୁ ପଡି ଯାଉଥିଲେ। ଧରି ପକାଇଲେ ସୁନୟନା। ମଧୁସୂଦନଙ୍କ ନିଶ୍ୱାସ ପ୍ରଶ୍ୱାସର ଗତି କମି ଆସୁଥିଲା। ବିଛଣାରେ ଶୁଆଇ ଦେଇ ନର୍ସକୁ ଡାକି ଅକ୍ସିଜେନ୍ ସିଲିଣ୍ଡର ଲଗାଇବା ପାଇଁ ନିର୍ଦ୍ଦେଶ ଦେଲେ ସେ। କିଛି ସମୟ ଭିତରେ ମଧୁସୂଦନଙ୍କ ମୁଖରେ ଲାଗିଗଲା ଗୋଟେ ଅକ୍‌ସିଜେନ୍ ମାସ୍କ। ଆଖି ବନ୍ଦ କରି ଶୋଇ ରହିଥିବା ବେଳେ ତାଙ୍କ ସ୍ମୃତି ପଟଳରେ ଭାସି ଉଠୁଥିଲା ଅତୀତର କେତେ ପୃଷ୍ଠା।)

ମଧୁସୂଦନଙ୍କ (କ୍ରୋଡ ଦୃଶ୍ୟ। ମଧୁସୂଦନ ୮-୧୦ ବର୍ଷର ବାଳକ।)

ମା - (ହାତରେ ଗୋଟେ ଗାମୁଛା ଧରି ଛିଡା ହୋଇଛନ୍ତି। ମଧ୍ୟବୟସ୍କା ମହିଳା ପାଖରେ ଗୋଟେ ଷ୍ଟୁଲ୍ ଉପରେ ଥୁଆ ହୋଇଛି ଚନ୍ଦନ ପେଡି, ନୂଆ ଡ୍ରେସ ଆଉ ଚକୁଳି ପିଠା, କ୍ଷୀରି ପୂଜା ହୋଇସାରି ତା ଉପରେ ପଡିଛି କିଛି ଫୁଲ ଓ ବେଲପତ୍ର)

ମଧୁ, ମଧୁ, ସରିଲା କି ନାହିଁ ତୋର ଗାଧୁଆ ?

ମଧୁ - (ବାଥ୍‌ରୁମ୍ ଭିତରୁ) ସରିଲା ମା - ଆସୁଛି। ଆଜି ଟିକେ ସାବୁନ, ସାମ୍ପୋ ଲଗେଇ ଗାଧଉଛି ତ -

ମା' - ଆରେ ଥଣ୍ଡା ପାଣିଟାରେ ଏତେ ଗାଧଉଛୁ, ସର୍ଦ୍ଦି ଲାଗିଯିବ। ଜଲଦି ପଳେଇ ଆ। ସ୍କୁଲ୍ ଯିବୁନି କି?

ମଧୁ - (ଓଦା ଗାମୁଛା ଖଣ୍ଡେ ପିନ୍ଧି ଓଦା ସର ସର ବାହାରି ଆସିଲେ। ମା' ଗୋଟେ ଛୋଟ ଟର୍କିସ୍ ଟାଓ୍ୱେଲ୍ ତାଙ୍କର ମୁଣ୍ଡ, ଦେହ ହାତ ପୋଛି ପକେଇ)

ମା' - ନେଲୁ ବାପ, ଏଇ ନୂଆ ଡ୍ରେସ୍‌ଟା ପିନ୍ଧି ପକେଇଲୁ। ମୁଁ ପୂଜା ଘରେ ଠାକୁରଙ୍କୁ ଲଗେଇ ନେଇ ଆସିଛି।

ମଧୁ - କାହିଁକି ମା?

ମା'- ଆରେ, ଆଜି ପରା ତୋର ଜନ୍ମଦିନ। କାଲି ତୋ ବାପା ବଜାରରେ ବୁଲି ତୋ ପାଇଁ ବଢିଆ ଡ୍ରେସ୍ କିଣି ଆଣିଛନ୍ତି। ପିନ୍ଧିଲୁ... ପିନ୍ଧିଲୁ... (ନୂଆ ଡ୍ରେସ୍ ତାଙ୍କ ହାତକୁ ବଢେଇ ଦେଲେ)।

ମଧୁ - (ରୁମ୍ ଭିତରକୁ ଯାଇ ନୂଆ ଡ୍ରେସ୍ ପିନ୍ଧି ବାହାରି ଆସିଲେ। ମା' ତାଙ୍କ ମୁଣ୍ଡରେ ଚନ୍ଦନ ଟିପାଟେ ଲଗାଇ ଦେଇ କହିଲେ)

ମା' - ଯା, ନୂଆ ଲୁଗା ପିନ୍ଧିଲେ ଆଗେ ଠାକୁରଙ୍କୁ ଜୁହାର ହୁଅନ୍ତି। ଠାକୁର ଘରେ ମୁଣ୍ଡିଆ ମାରି ଆସେ। ତା ପରେ ବାପାଙ୍କୁ ମୁଣ୍ଡିଆ ମାରିବୁ।

ମଧୁ - (ଚାଲିଗଲେ, କିଛି ସମୟ ପରେ ଆସି ମା'ଙ୍କୁ ମୁଣ୍ଡିଆ ମାରିଲା ବେଳେ, ମା କୁଣ୍ଢେଇ ଧରିଲେ ତାଙ୍କୁ)

ମା' - ଦୀର୍ଘଜୀବି ହେଇଥା, ଧନ! ଶହେ ବର୍ଷ ପରମାୟୁ ହେଉ। (ମଧୁଙ୍କୁ ଚକୁଳି ଓ କ୍ଷୀରି ଖୁଆଇ ଦେଲେ)।

(ଦୃଶ୍ୟ ପଲଟି ଗଲା) (ଆମ୍ବୁଲାନ୍‌ସର ଶବ୍ଦ ବାଜି ଉଠିଲା। ସୁନୟନା ଓ ନର୍ସ ଦୁହେଁ ବାହାରକୁ ଚାଲିଗଲେ। ମଧୁସୂଦନ ନିଜ ମୁହଁରୁ ଅକ୍ସିଜେନ୍ ମାସ୍କ ବାହାର କରି ହରିକୁ ଚାହିଁ)

ମଧୁ - ହରି, ମୋତେ ଚକୁଳିରୁ ଖଣ୍ଡେ ଖାଇବାକୁ ଦେ ତ! ଭାରି ଭୋକ! (ହରି ତରବରରେ ଚକୁଳି ଥାଳିରୁ ଖଣ୍ଡେ ଛିଣ୍ଡେଇ ତାଙ୍କ ପାଟିରେ ଦେଲା। ମଧୁସୂଦନ ଚକୁଳି ଖାଉ ଖାଉ ଅଣନିଶ୍ୱାସୀ ହେଉ ଥାଆନ୍ତି।)

ହରି - ବାବୁ, ଧୀରେ ଖାଅ, ବାବୁ। ଆମ୍ବୁଲାନ୍‌ସ ଆସିଲାଣି! (ପଶି ଆସିଲେ ସୁନୟନା ଓ ନର୍ସ। ଆମ୍ବୁଲାନ୍‌ସ ଡ୍ରାଇଭର ଓ ହରି ଦୁହେଁ ଧରାଧରି କରି ମଧୁସୂଦନଙ୍କ ମୁହଁରେ ଅକ୍ସିଜେନ୍ ଲଗାଇ

ନେଇଗଲା ବେଳେ ତଳେ କଚାଡି ହୋଇ ପଡିଗଲେ ମଧୁସୂଦନ। ବେହୋସ ହୋଇଗଲେ।)

(କ୍ରୋଡ ଦୃଶ୍ୟ। ମଧୁସୂଦନ କଲେଜ ପଢୁଥିବା ୧୮ ବର୍ଷର କିଶୋର। ମେ ୨୫ ତାରିଖ ତାଙ୍କ ଜନ୍ମଦିନ। ସେ କଲେଜ ହଷ୍ଟେଲରେ ଅଛନ୍ତି। ସକାଳ ସାତଟା। ହଷ୍ଟେଲ୍‌ର ରୁମ୍। ହଷ୍ଟେଲ୍ ପିଅନ୍ ଆସି ଡାକ ପକେଇଛି। ତାଙ୍କ ରୁମ୍ ବାହାରେ)।

ପିଅନ - ମଧୁ ବାବୁ! ମଧୁ ବାବୁ! ତମର ଫୋନ୍ ଆଇଛି ବା, ଉଠିଲଣି କି ନା? ଆସ -

ମଧୁ - (ଧଡପଡରେ ଉଠି ପଡି ଚାଲିଗଲେ। ହଷ୍ଟେଲରେ ଥିବା ଗୋଟେ ଲ୍ୟାଣ୍ଡ ଲାଇନ୍ ଫୋନ୍ ପାଖକୁ। ଫୋନ୍ ପାଖରେ ବସିଥିଲେ ଜଣେ ଆଟେଣ୍ଡାଣ୍ଟ।)

ମଧୁ - (ଫୋନ୍ ଉଠେଇ) ହ୍ୟାଲୋ! କିଏ, ମା? ହଁ, ମା, ମୁଁ ଗାଧୋଇ ସାରିଲିଣି। ନୂଆ ଡ୍ରେସ୍ ପଠେଇଥିଲୁ, ପିନ୍ଧି ପକେଇଛି। ଏଠି କୋଉଠୁ ଚକୁଳି ପାଇବି? କ୍ଷୀରି?? କିଏ କରିଦେବ ମୋତେ?

(ଫୋନ୍‌ର ସ୍ପିକରକୁ ହାତ ବନ୍ଦକରି) ମା' କହୁଛି, ଜନ୍ମଦିନରେ ସମସ୍ତଙ୍କୁ ଚକୁଳି, କ୍ଷୀରି ଖୁଆଇବାକୁ। ବୁଝିଲ? ସେ ଏଠିକା ଖବର କ'ଣ ଜାଣେ ଯେ!

(ସ୍ପିକର ରେ ମୁହଁ ଲଗାଇ) ମୁଁ ସମସ୍ତଙ୍କୁ ଚକ୍‌ଲେଟ୍ ଖୁଏଇ ଦେବି ମା, ତୁ ବ୍ୟସ୍ତ ହୁଅନା!

(ଟିକେ ସମୟ କଥା ଶୁଣିବା ପରେ)

ବାପାଙ୍କ ହାତରେ ଚକୁଳି ଆଉ କ୍ଷୀରି ପଠଉଛ? ଆରେ, ବଢିଆ କଲୁ। ହେଲେ, ମୋ ରୁମ୍‌ରେ ଆମେ ଚାରିଜଣ। ସମସ୍ତଙ୍କ ପାଇଁ ପଠେଇବୁ, ଜାଣିଥା।

(ପୁଣି ସ୍ପିକରରେ ହାତ ଦେଇ, ପିଅନକୁ ଚାହିଁ)

ବାପା ଆସିଲେ, ଚୁପ୍ ଚାପ୍ ମୋ ରୁମ୍‌କୁ ନେଇଯିବ, ବୁଝିଲ?

(ପୁଣି କଥା ଶୁଣି)

ହଁ, ହଁ, ଠିକ୍ ଅଛି, ମୁଁ ଶହେ ବର୍ଷ ବଞ୍ଚିବି। ତୋର ଆଶୀର୍ବାଦ ମୋ ଆୟୁଷକୁ ବଢେଇ ଦେଉଛି। ହେଲେ, ତୁ ତୋ ଦେହର ଯତ୍ନ ନେଉଛୁ କି ନାହିଁ?

ହଁ, ହଁ, ଏଇଠୁ ପ୍ରଣାମ କରୁଛି, ମା ! ଠାକୁରଙ୍କୁ ମୋ ପରୀକ୍ଷାରେ ଭଲ ହେବା ପାଇଁ ମାଗୁଣି କରିବୁ। ତୋ କଥା ସେ ଶୁଣିବେ, ମୋ କଥା କ'ଣ ଶୁଣିବେ ? ମୋର କ'ଣ ଭକ୍ତି ଅଛି ? (ଫୋନ୍ ଥୋଇ ଦେଲେ)

(ହଠାତ୍ ପାଣି ଛଟାଛଟିରେ ମଧୁସୂଦନଙ୍କ ଚେତା ଆସେ)

ମଧୁ- (ବଡ ପାଟିରେ)

ମା' ... ମା.... ମା... କୁଆଡେ ଗଲୁ ମା ? ଏଇନେ ପରା ଫୋନ୍‌ରେ ମୋତେ ଆଶୀର୍ବାଦ ଦେଉଥିଲୁ ? ଚକୁଳି ପଠେଇଲୁ ପରା ବାପାଙ୍କ ହାତରେ ? ମା .... ମା.... ମା... କାହିଁ ? କୁଆଡେ ଗଲା ?

ସୁନୟନା - ମୁଁ ପରା ଆପଣଙ୍କ ମା। (ହାତରେ ଚକୁଳି ପ୍ଲେଟ୍ ଧରି, ଠିଆ ହୋଇଥିଲେ)

ମୁଁ ଜାଣେ, ଜନ୍ମଦିନରେ ଆପଣ ଚକୁଳି ଆଉ କ୍ଷୀରି ଖାଆନ୍ତି। ହରି, ଆଣିଲୁ କ୍ଷୀରି ଡାଟିଆଟା, ଚାମଚଟା।

(ମଧୁସୂଦନ ସୁନୟନାଙ୍କୁ ମୁଣ୍ଡିଆ ମାରିଲେ)

ମଧୁ - ମୋତେ ଆଶୀର୍ବାଦ କର, ମା ! ମୋର ଶହେବର୍ଷ ଆୟୁଷ ଦରକାର ନାହିଁ। ମୋତେ ତୋ ପାଖକୁ ନେଇ ଯା। (କ୍ଷୀରି ଡାଟିଆରୁ ଚାମଚରେ ନେଇ ସୁନୟନା ତାଙ୍କୁ ଖୁଆଇ ଦେବା ବେଳେ ଟଳି ପଡିଲେ ମଧୁସୂଦନ।)

■

- ଦ୍ୱିତୀୟ ଦୃଶ୍ୟ -

(ସତ୍ୟ ନଗର ଶ୍ମଶାନ। ଧୂ ଧୂ ଜଳୁଛି ଚାରି ପାଞ୍ଚଟା ଚିତା। ଦୂରରେ, ଦୂରରେ, ମୁହଁରେ ମାସ୍କ ଭିଡି ଛିଡା ହୋଇଛନ୍ତି କିଛି ଲୋକ। ଆଉ କିଛି କର୍ମଚାରୀ ପି.ପି.ଇ. କିଟ୍ ପିନ୍ଧି ଏପଟ ସେପଟ ବୁଲୁଛନ୍ତି। ସାମନାରେ ରଖାଯାଇଛି ମଧୁସୂଦନଙ୍କ ଶବ, ଗୋଟେ ପଲିଥିନ୍ ଜରି ବ୍ୟାଗ୍‌ରେ ଭର୍ତ୍ତି ହୋଇ। କେବଳ ଦେଖାଯାଉଛି ମୁହଁଟି। ତାଙ୍କ କୋକେଇ ପାଖରେ ଛିଡା ହୋଇଛି ବୃଦ୍ଧାଶ୍ରମର ପରିଚାରକ ହରି ଓ ମଧୁସୂଦନଙ୍କ ନାତି ସୋମେଶ, ଓରଫ୍ ସୋନୁ। ଦୁହିଁଙ୍କ ମୁହଁରେ ମାସ୍କ, ହାତରେ ଗ୍ଲୋଭ୍‌ସ।)

ହରି - ସୋନୁ ବାବୁ, ଆହୁରି ପାଞ୍ଚଟା ପରେ ଆମ ପାଳି।

ସୋନୁ- କ'ଣ ପାଞ୍ଚଟା ? (ବିରକ୍ତି ଭାବରେ)

ହରି - (ଡରି) ବୁଝି ପାରୁନ? ପାଞ୍ଚଟା ଶବ। ଏଠି ପରା ଲାଇନ୍‌ରେ କାମ ହେଉଛି। ଦିଦି କହିଥିଲେ ଟିକଟ କାଟିବା ପାଇଁ। ଯାଉନ, ଆଗେ ଅଫିସ୍‌ରୁ ଟିକଟ କାଟି ଆଣିବ। ଉଃ.. କି ବକଟ ଫୁରୁକୁଟିଆ ଗନ୍ଧ ବାହାରୁଛି। କେତେ କାଳ ଏଠି ଜଗିବ ତେମେ?

ସୋନୁ - (ଧୂଆଁରେ ଆକ୍ତାମାକ୍ତା ହୋଇ ଯାଉଥାଏ)

ମୁଁ ତ ଜାଣିଥିଲି ଏଠି ଇଲେକ୍ଟ୍ରି ଚୁଲାରେ ଦାହ କାମ ହୁଏ। ହେଲେ ଏ କି.... ପରିବେଶ....!!!

ହରି - ଆଉ ଇଲେକ୍ଟ୍ରି ଚୁଲା? ସେଇଟା ପରା ଦିନରାତି ଚବିଶ ଘଣ୍ଟା ଜଳି ଜଳି ନିଜେ ବାଧିକା ପଡିଗଲା। ଏଠି କ'ଣ ମିସ୍ତ୍ରୀ ଅଛନ୍ତି, ତାକୁ ସଜାଡିବେ? ସେଇ କଲକତା... କଲକତାରୁ ମିସ୍ତ୍ରୀ ଆଇଲେ ଯାଇ ସଜ ହେବ ଆମ ଇଲେଟ୍ରି ଚୁଲା, ଜାଇଁଲ!

ସୋନୁ - ଆଚ୍ଛା, ହରି କକା, ଗ୍ୟାସ୍ ଚୁଲାରେ ଶବଦାହ ଆରେଞ୍ଜମେଣ୍ଟ ହେଇନି?

(ପଶି ଆସିଲେ ଜଣେ ଶବ ଦାହକ। ଦେହରେ କୋତରା ଗାମୁଛା, ମଇଳା, କଳା ଲାଗିଥିବା ଗଞ୍ଜି ଖଣ୍ଡେ, ମୁଣ୍ଡରେ ପଗଡି, ହାତରେ ବାଡି ଖଣ୍ଡେ)

ଶବ ଦାହକ - ଛାଡ- ଛାଡ- ବାଟ ଛାଡ। ବାଟ ଛାଡ -

(ମୁଣ୍ଡକୁ ଜୋର୍‌ରେ ବୁଲଉଥାଏ। ଥରଥର ଥରୁଥାଏ, ସତେ କି କାଳିସୀ ଲାଗିଛି ତାକୁ)

ସୋନୁ - ହରି କକା, ଇଏ କ'ଣ ଏମିତି ହଉଛନ୍ତି? ମୋତେ ଡର ମାଡୁଛି।

ଶବ ଦାହକ - (କାଳିସୀମାନଙ୍କ ପରି ଗର୍ଜନ କରି) ଦେ... ଆଉ ଦେ... ଆଉ ମୁଣ୍ଡ ଦେ.. ଆଉ ରକ୍ତ ଦେ... ବଳି ଦେ - ଦେ... ଦେ... (ଜୋର୍‌ରେ ଥରୁଥାଏ, ବାଡି ବୁଲଉଥାଏ)

ହରି - (ନ ଡରି)

ହେ... ହେ.... ଭାଇନା, ହଇହୋ, ତମୁକୁ କାଳିସୀ ନାଗିଛି ନା କ'ଣ ବା? ଏନ୍ତା ହଉଛ ଯେ....

ଶବ ଦାହକ - କ'ଣ କହିଲୁ? କାଳିସୀ... (ଗର୍ଜନ କରି) ମୁଁ ମା କାଳୀ... ଆସିଛି,

ମୁଁ ମା କାଳୀ, ନୃମୁଣ୍ଡ ମାଳୀ, ଦେ ତାଳି... ଖାଇବି ଗିଳି -
(ବ୍ୟାକ୍‌ଗ୍ରାଉଣ୍ଡ ମ୍ୟୁଜିକ୍ ବାଜୁଥାଏ -
"କାଳୀ କପାଳୀ ନୃମୁଣ୍ଡମାଳି ମୁଁ ବାସୁଳି
ଖାଇବି ଖାଇବି ତୋ ମୁଣ୍ଡ ବଳି।")

ସୋନୁ - ହରି କକା, ତୁମେ ଜଗିଥାଅ। ମୁଁ ଯାଉଛି ଅଫିସ୍ ଆଡେ। ଦେଖେଁ....
(ଦୃଶ୍ୟ ପରିବର୍ତ୍ତନ। କ୍ରୋଡ ଦୃଶ୍ୟ। ସତ୍ୟନଗର ଶ୍ମଶାନ ଅଫିସ୍। କାଉଣ୍ଟରରେ ବସିଛନ୍ତି ଜଣେ କର୍ମଚାରୀ... ସୋନୁ ଠିଆ ହୋଇଛି କାଉଣ୍ଟର ବାହାରେ ତା ଆଗରେ ଦୁଇଜଣ)

କର୍ମଚାରୀ - ବାବୁ, ସେଇଠି ଟଙ୍ଗା ହେଇଛି ନୋଟିସ୍।

ପ୍ରଥମ ଲୋକ- ତମେ କହୁନ, ଏଲେକ୍ଟ୍ରି ଚୁଲାରେ ଦାହ ପାଇଁ ଟିକେଟ୍ ଦାମ୍ କେତେ ?

କର୍ମଚାରୀ - କହିଲି ପରା- ସେଇ କଥା କେତେଥର କେତେଜଣଙ୍କୁ କହିବି। ଇଲେକ୍ଟ୍ରି ଚୁଲା ଖରାପ ଗ୍ୟାସ୍ ଚୁଲା ପାଇଁ ଟ୫୦୦/-, କାଠ ଚୁଲା ପାଇଁ ଟ୧୦୦୦/-।

ଦ୍ୱିତୀୟ ଲୋକ- (ସୋନୁ ଆଡକୁ ବୁଲି ପଡି)
ଏତେ ଠକ, ଦ୍ୱାଚୋର ହେଲାଣି ଏ ସରକାର ! ଶଳେ, ଦେଖୁଛ କାଠ ଚୁଲାରେ ପୋଡିବା ପାଇଁ ହଜାରେ କଲେଣି। କ'ଣ କହିବ ?

ପ୍ରଥମ ଲୋକ- (ବଡ ପାଟିରେ)
ପ୍ରତି କଥାରେ ସର୍କାରକୁ କାହିଁ ଦୋଷ ଦିଅ କହିଲ ? ସରକାର ପରା ହରିଶ୍ଚନ୍ଦ୍ର ଯୋଜନାରେ ପାଞ୍ଚହଜାର ଟଙ୍କା ଥୋଇ ଦେଉଛି ମଡା ପିଛା। ହେ... ନିଜ ପକେଟ୍‌ରୁ ପଡୁନି, ତଥାପି କମ୍ପଲେନ୍ ....

ଦ୍ୱିତୀୟ ଲୋକ- (ରାଗିଯାଇ)
ହେ ବାବୁ, କାଇଁ ସେଗୁଡା କହିଲ ! ସରକାର ତ ଦି ହଜାର ଟଙ୍କା ଦେବାକୁ କହିଛି। ତୁମେ ବାବୁ ପାଞ୍ଚ ହଜାର କୋଉଠୁ ଆଣିଲ ? କାହାକୁ ମଳୁଛି ହେ ? ସବୁ ଯାଉଛି ବ୍ଲକ୍ ବାଲାଙ୍କ ପକେଟ୍‌କୁ।

ସୋନୁ - (ଆଶ୍ଚର୍ଯ୍ୟ ହୋଇ ଚାହିଁଥାଏ ସେ ଦୁଇଜଣଙ୍କୁ)
ଆଜ୍ଞା, ମୋତେ ଟିକେ ଛାଡିଦେବେ। ମୁଁ ତ ସେ ସର୍କାର ଯୋଜନା କଥା ଜାଣେନି।

ପ୍ରଥମ ଲୋକ- ତୁମେ ବାବୁ ଭୋଟ୍ ଦେବାପାଇଁ ଯୋଗ୍ୟ ହେଲଣି ? କେତେ ବୟସ ତମର ?

ସୋନୁ -		(ଚୁପ୍ ରହିଲା)

ଦ୍ୱିତୀୟ ଲୋକ- ହରିଶ୍ଚନ୍ଦ୍ର ଯୋଜନା ତ ଗରିବ ଗୁରୁବାଙ୍କ ପାଇଁ, ତୁମ ଆମ ପାଇଁ କ'ଣ କିଛି ଯୋଜନା ହେଉଛି ?

(କର୍ମଚାରୀ ଜଣକ ବିରକ୍ତ ହୋଇ ହାତ ବାଡେଇଲେ କାଉଣ୍ଟର ଉପରେ)

କର୍ମଚାରୀ- ଆଜ୍ଞା, ଆପଣମାନେ ବାହାରି ଯାଇ ପାଟିତୁଣ୍ଡ, କଳି କଜିଆ କରନ୍ତୁ। ଏଠି ଅନ୍ୟମାନଙ୍କୁ ବାଟ ଛାଡନ୍ତୁ।

ପ୍ରଥମ ଲୋକ - (ଟଙ୍କା ଦେଇ ଟିକେଟ୍ ନେଇ ପଛକୁ ବୁଲିପଡି)

ଭାଇ, ସବୁ ଦୋଷ ସର୍କାରଙ୍କ ଉପରେ ଲଦି ଦେଇ ଆମେ ଭଦ୍ର ଲୋକ ହୋଇ ବସିଯାଉଚୁଁ। ଆମେ ହିଁ ଭୋଟ୍ ଦେଇ ବନଉଛୁଁ ସରକାର। ପୁଣି ସେଇ ଭୋଟ୍ ଦେଇ ବାଛୁଛୁଁ ଆମର ସରପଞ୍ଚ। ସେଇ ସରପଞ୍ଚ ପାଖକୁ ସରକାର ଟଙ୍କା ପଠଉଛି। ସେମାନେ ପରା ଲୋକ ପ୍ରତିନିଧି - ସେମାନେ ତ ନିଁଆଗିଲା- କହିବ କାହାକୁ? (ଚାଲିଗଲେ)

ସୋନୁ -		(କର୍ମଚାରୀଙ୍କ ପାଖକୁ ଯାଇ)

ଆଜ୍ଞା, ସେଠି ଜଣେ କିଏ ଥରି ଥରି.... ଦେ ମା ବଳି ଦେ, ରକ୍ତ- ଦେ ମୁଣ୍ଡ- ଏଇମିତି ଗର୍ଜୁଛି... ଟିକେ କାହାକୁ ପଠେଇବେନି ?

କର୍ମଚାରୀ- ଓଃ... ସେ କାଳିଆ ଗୋଟେ କାଳୀ ଭକ୍ତ। ଏଇ ଶ୍ମସାନରେ ପିଲାଟି ଦିନୁ କାମ କରୁଛି। ମଡା ଚଣ୍ଡିଆ ହେଇ କେତେ ଯେ ଶବ ପୋଡିବଣି ତା'ର ହିସାବ ନାହିଁ। ଏବେ କରୋନାରେ ତା ସ୍ତ୍ରୀ ମରିଗଲା। ତା ସ୍ତ୍ରୀର ଶବ ପୋଡିବା ଠାରୁ ସେ ପାଗଳ ପ୍ରାୟ ହୋଇ ଯାଇଛି। ମା କାଳୀଙ୍କ ମନ୍ଦିରରେ ଅଧିଆ ପଡି ରହିଥିଲା ଦଶ ବାର ଦିନ। ଫେରି ଆସି ପୁଣି କାମ କଲା। ହେଲେ ବେଳେ ବେଳେ ତା ଦେହରେ କାଳୀ ମା'ଙ୍କ ଭୂତ ପଶି ଯାଉଛି। କିଛି ସମୟ ଥରି ଥରି, ଗର୍ଜିବ, ସେଇଠୁ ଚେତା ବୁଡି ପଡିବ। କାହାରି କିଛି କ୍ଷତି କରିବ ନାହିଁ।

ସୋନୁ- ଆଜ୍ଞା, ବାପା କହିଥିଲେ ଗୋଟେ କେଜି ଗୁଆଘିଅ, ଚନ୍ଦନ କାଠ କିଣି ନିଆଁରେ ଜଳେଇବା ପାଇଁ। ମିଳିବ ?

କର୍ମଚାରୀ- ହଁ ମିଳିବନି କାହିଁକି ? ଟ.୧୦୦୦/- ବଢାଅ। ମୁଁ ଦଉଛି ଘିଅ ଆଉ ଚନ୍ଦନ କାଠ।

(ସୋନୁ ଟଙ୍କା ଡିପୋଜିଟ୍ କରି ଟିକେଟ, ଘିଅ ଆଉ ଚନ୍ଦନ କାଠ କିଣି ଫେରି ଆସିଲା, ହାତରେ ଗୋଟିଏ ପଲିଥିନ ବ୍ୟାଗ। ମଧୁସୂଦନଙ୍କ ବଡି ପାଖକୁ। କାଳିସୀ ଚାଲିଯାଇଥିଲା

ସୋନୁ - ସେ ଲୋକଟା ଗଲା କୁଆଡେ?

ହରି - ଥରି ଥରି, ଗର୍ଜିଲା। ଏଠି ଝୁଙ୍କେ ଗଡିଲା, ଗଡି ଗଡି ପଳେଇଲା। ସୋନୁ ବାବୁ, ଆମ ଆଗର ତିନିଟା ମଡା ଉଠିଗଲାଣି। ଆଉ ଜମା ଦି'ଟା। ଠିକ୍ ବେଳରେ ପଳେଇ ଆସିଲ। ଏ ସବୁ କ'ଣ? (ପଲିଥିନ୍ କୁ ଦେଖାଇ)

ସୋନୁ- ବାପା ଦିଲ୍ଲୀରୁ ମୋ ସାଙ୍ଗରେ କଥା ହୋଇଥିଲେ ଖବର ପାଇ। ଏତେ ଶୀଘ୍ର ସେ ଆସି ପରିବେନି। ଟିକେଟ୍ ସହଜେ ମିଳିବନି। ଲକ୍ ଡାଉନ୍ ଚାଲିଛି। ମୋତେ କହିଥିଲେ ଜେଜେଙ୍କ ଡେଡ୍ ବଡିରେ ମୁଖାଗ୍ନି ଦେବାକୁ। ଆଉ ତାଙ୍କ ଯୁଇରେ ଘିଅ ଆଉ ଚନ୍ଦନକାଠ ଜଳେଇବାକୁ।

ହରି - ବାଃ, ବଢିଆ କଥା। ହେଲେ ଏଠି କ'ଣ ଆଉ କ୍ରିୟାକର୍ମ ପାଇଁ ବ୍ରାହ୍ମଣ ମିଳିବେ? ଯେତେହେଲେ ବ୍ରାହ୍ମଣ ଘର ଲୋକ। କେତେ ପରମ୍ପରା... ମନ୍ତ୍ର ପାଠ... ଭାଗବତ ବୋଲା- ଗାଧୁଆ...

ସୋନୁ- ଆଚ୍ଛା, ନୂଆ ଲୁଗା ଖଣ୍ଡେ ତ ଆଣିବା କଥା, ନା?

ହରି - ଆଜି ପରା ବାବୁଙ୍କ ଜନ୍ମଦିନ। ସେ ପାଇଁ ଆମ ଆଶ୍ରମର ଦିଦି ନୂଆ ଡ୍ରେସ୍ ଆଣିଥିଲେ। ଜନ୍ମ ଦିନ ପାଇଁ ଚକୁଳି, କ୍ଷୀରି ବନେଇଥିଲେ....

ସୋନୁ - (ଭେଁ ଭେଁ ହୋଇ କାନ୍ଦିଲା)

ମୁଁ ବି କେକ୍ ନେଇ ଜେଜେଙ୍କ ପାଖକୁ ସନ୍ଧ୍ୟାବେଳେ ଯାଇ ଥାଆନ୍ତି। ବାପା କହିଥିଲେ ସମସ୍ତେ ମିଶି ଗ୍ରୁପ୍ ଭିଡିଓ କଲ୍ କରି ତାଙ୍କୁ ଉଇସ୍ କରିବା ପାଇଁ। (ସୋନୁ ଜୋର୍‌ରେ କାନ୍ଦୁଥାଏ)

ହରି - (ନିଜ ଆଖିରେ ଗାମୁଛା ଚାପି ଧରି)

ମୁଁ ପରା ସକାଳୁ ଟା କପଡ଼ା ଧରି ଗଲାବେଳକୁ ବାବୁଙ୍କ ଦେହରେ ଖଇ ଫୁଟା ତାତି... କିନ୍ତୁ, ଯାହା କୁହ - ବାବୁ ଭାରି ପୂଣ୍ୟବାନ୍ ଲୋକ, ନ ହେଲେ ଏମିତି ପିଠା, କ୍ଷୀରି ଖାଉଁ ଖାଉଁ କିଏ କ'ଣ ଟଳି ପଡେ!!!

ସୋନୁ - (କାନ୍ଦୁଥାଏ)

ଜେଜେ ମା' ଗଲାପରେ ଜେଜେ ଜମା ରାଜି ହେଲେନି ବାପା, ମା'ଙ୍କ ସାଙ୍ଗରେ ଦିଲ୍ଲୀ ଯିବା ପାଇଁ। ମିଠିନାନୀ ପାଖରେ ରହିଲେ କଷ୍ଟେ ମଷ୍ଟେ ଛଅ ମାସ। ସେଇଠୁ ପଳେଇ ଆସିଲେ... କହିଲେ ଝିଅ ଘରେ ଭଲ ଲାଗୁନି। ଝିଅଟା ଏତେ କାମ କରି ଥକି ପଡ୍ଡୁଛି, ଦେଖିଲେ କାନ୍ଦ ମାଡୁଛି। ବାଧ ହୋଇ ସିନା ବାପା ତାଙ୍କୁ ବୃଦ୍ଧାଶ୍ରମରେ ରଖାଇଲେ। ନିଜେ ତ ଚା ଟିକେ କରି ଜାଣନ୍ତିନି, ଚଳିବେ କେମିତି କହିଲ ?

(ଏହି ସମୟରେ ପଶି ଆସିଲା ଜଣେ ଲୋକ। ହାତରେ ଗୋଟେ କଂସା ଢାଳ। ବେକରେ ପଇତା। ପିନ୍ଧିଛି ଗୋଟେ ହଳଦିଆ ଗାମୁଛା। ଚେହେରା କିନ୍ତୁ ଦିଶୁଛି ଦଳିତ ପରି)

ଲୋକ - ହେ ବାବୁ, ତମ ମଡାର କ୍ରିୟା କର୍ମ ସରିଲାଣି ?

ହରି - ଏଠି ଗୋଟେ କି କ୍ରିୟା କର୍ମ ହବ ବା ? ପଲିଥିନ୍ ଜରି ଭିତରେ ପଶିଛି ମଡା। ଉପରେ ଷ୍ଟାମ୍ପ୍ ମରା ହେଇଛି କରୋନା ରୋଗୀ। କିଏ ତାଙ୍କୁ ଛୁଇଁ ବାହାର କରିବ ?

ଲୋକ - ହ... ମ.... କରୋନା ରୋଗୀ। ଏଠିକି ଯିଏ ଆଉଛନ୍ତି, ସବୁ ତ ସେଇ ଗୁଟେ କାଟଗରି। ତା ବେଲି କ'ଣ କାମ ହବନି ? ମୁଁ ପରା ଏଇନେ ଦି'ଟା ମଡାଙ୍କ କାମ ସାରି ଆଇଲି।

ସୋନୁ - (ସନ୍ଦେହରେ ତାକୁ ଚାହିଁ ଥାଏ)
ତୁମେ କ'ଣ ବ୍ରାହ୍ମଣ ? ତମକୁ ଆସେ ଶ୍ମସାନ କ୍ରିୟା ?

ଲୋକ - ମଲା - ମୋର ପରା ଚଣ୍ଡୀ ପୁରାଣଟା ପୂରା ମୁଖସ୍ଥ।
(ବୋଲିବାକୁ ଲାଗିଲା...
ନମଇ ନୃସିଂହ ଚରଣ
ଅନାଦି ପରମ କାରଣ)

ସୋନୁ - ଆରେ, ଆରେ - ଏ ତ ଭାଗବତ ପଦ ! ଏ କ'ଣ କ୍ରିୟା ମନ୍ତ୍ର ?

ଲୋକ - ଭାଗବତ ଠୁଁ ବଳି ପୂଣ୍ୟ ପୋଥି ଅଛି, ଆଜ୍ଞା ! ଯିଏ ଭାଗବତ ବୋଲି ପାରିବ, ସେଇତ ବ୍ରାହ୍ମଣ। ଖାଲି ବ୍ରାହ୍ମଣ କୁଳରେ ଜନମ ହେଲେ କ'ଣ ହେବ ? ପୋଥି ପଢା ଦରକାର ନା ? (ହରିକୁ) ତୁମେ ଭାଗବତ ବୋଲି ପାରିବ। ଆଉ ତୁମେ ବାବୁ... ତୁମେ ତ ବ୍ରାହ୍ମଣ ଘର ପିଲା ପରି ଦିଶୁଛ - ତୁମେ ଭାଗବତ ବୋଲି ପାରିବ ?

ପଢିଛ ଭାଗବତ ?

ସୋନୁ - ନା... କେବେ ପଢିନି... ଆମ ଘରେ ସେଟ୍ ଅଛି । ଜେଜେ ପଢୁଥିଲେ, ଜେଜେମା ଶୁଣୁଥିଲେ ।

ଲୋକ - ତେବେ ମୁଁ ଦି'ପଦ ଭାଗବତରୁ, ଦି ପଦ ଚଣ୍ଡୀ ପୁରାଣ ପଢି ଶୁଣେଇ ଦେଲେ କ'ଣ ତୁମ ଜେଜେଙ୍କ ଆତ୍ମା ଖୁସି ହେବନି ? କହୁନ -

ହରି - (ବିରକ୍ତ ହୋଇ) ହେ... ତୁମେ ଯାଅ ଏଠୁ.... ଯାଅ... ଯାଅ... ମିଛରେ ଗୋଟେ ପଇତା କାନ୍ଧରେ ପକେଇ ଅଇଲା ଏଠି ବେଉସା କରି -

ସୋନୁ - (ହରିକୁ ବିକଳରେ ଚାହିଁ)

ନା .... ନା... ରୁହ । ମୋ ଜେଜେ ଭାଗବତ ଭଲ ପାଉଥିଲେ । ସେ ଯଦି ଶିଖିଛନ୍ତି, ଜେଜେଙ୍କ ମୁଖାଗ୍ନି ବେଳେ ମନ୍ତ୍ର ଜାଗାରେ ଭାଗବତ ପଢି ଦେଲେ, କ'ଣ ଅଶୁଦ୍ଧ ହୋଇ ଯିବ ? ଜାତି ଫାତିରେ କିଛି ନାହିଁ । ଯିଏ ମନ୍ତ୍ର ପଢି ପାରିଲା, ସିଏ ବ୍ରାହ୍ମଣ -

ହରି - (ମୁଣ୍ଡରେ ହାତ ଦେଇ) ହେ ଭଗବାନ ! ଏ ଯୁଗଟା କୋଉଠି ଉଠିଲାଣି.... ଠିକ୍ କହିଥିଲା ହୋ ମାଳିକା

"ସର୍ବେ ହୋଇବେ ଏକାକାର, ବେଦର ନଥିବ ବିଚାର ।"

ଲୋକ - (ମନ୍ତ୍ର ବୋଲିବା ଭଙ୍ଗୀରେ)

"ବକ୍ରତୁଣ୍ଡ ମହାକାୟ ସୂର୍ଯ୍ୟକୋଟି ସମପ୍ରଭ
ନିର୍ବିଘ୍ନ କୁରୁ ମେ ଦେବ ସର୍ବ କାର୍ଯ୍ୟେସୁ ସର୍ବଦା ।"

ହରି - ଆଚ୍ଛା, ଗଣେଶ ବନ୍ଦନା ଗାଇଲଣି, ଏଠି କ'ଣ ପୂଜା ପର୍ବ ହେବ କି ? ଭାଗବତ ଦି ପଦ ବୋଲି ଶୁଣାଉନ

ଲୋକ - (ଭାଗବତ ସ୍ୱରରେ ଗାଇଲା)

"କର୍ମର ମତେ ସୁଖ ଦୁଃଖ
ଜନ୍ମ ମରଣ ହୋଏ ଦେଖ ।
କର୍ମଟି ଦୁଃଖ ସୁଖ ଜାଣ
ନିତ୍ୟ ସଂସାର ବଳବନ୍ତ ।
ସତ୍ କର୍ମ ଯେମାନେ କରନ୍ତି
ସ୍ୱକର୍ମ ଫଳ ସେ ଲଭନ୍ତି ।"

ହରି - (ଖୁସି ହୋଇ)

ସୋନୁ ବାବୁ, ଜାଣିଛି ବା ! ଇଏ ଭାଗବତ ପଦ ଜାଣିଛି । ଏଇଥିରୁ

ଦି ଚାରି ପଦ ବୋଲିଲେ ବାବୁଙ୍କ ଆତ୍ମା ସୁଖ ପାଇବ। ହଉ ହେଲା... ଯାହା ନବ, ବାବୁ ଦେବେ।

ଲୋକ - (ପୁଣି ଗାଇଲା)

"ଜନ୍ମ ମରଣ ଜରା ମୃତ୍ୟୁ
ଉଭୟ ଦୁଃଖ ସୁଖ ହେତୁ।
ଏ ସର୍ବ ଗୁଣ କହେ ଦେହ
ଜୀବର ନୁହେଁ ପରିଗ୍ରହ।"

- ତୃତୀୟ ଦୃଶ୍ୟ -

(ବୃଦ୍ଧାଶ୍ରମ। ମଧୁସୂଦନଙ୍କ ରହୁଥିବା କକ୍ଷଟି ସଜ୍ଜିତ ହୋଇଥାଏ, ଏକାଦଶାହ ଶ୍ରାଦ୍ଧ ପାଇଁ। ଖଟ ଉଠିଯାଇଥାଏ। ଗୋଟିଏ ଟେବୁଲ୍ ଉପରେ ମଧୁସୂଦନଙ୍କର ଗୋଟିଏ ଫଟୋକୁ ଫୁଲମାଳରେ ସଜ୍ଜିତ କରି, ଟେବୁଲ୍ ଉପରେ ଧୂପ, ଦୀପ ଓ ଗୋଟେ ଟ୍ରେରେ ମଧୁସୂଦନଙ୍କ ପ୍ରିୟ 'ଗୀତା' ପୁସ୍ତକ ଖଣ୍ଡିକ ରହିଥାଏ। କୋଠରୀରେ ଚଉକି ପଡି ସଜ୍ଜିତ ହୋଇଥାଏ ପ୍ରାୟ କୋଡିଏ ଲୋକଙ୍କର ବସିବା ସ୍ଥାନ। ଗୋଟେ କଣରେ ଧଳା ଚଦର ପଡିଥିବା ଏକ ଗଦି ଉପରେ ବସି ବୃଦ୍ଧାଶ୍ରମର କିଛି ବୃଦ୍ଧ ବୃଦ୍ଧା ଖଞ୍ଜଣୀ ଓ କରତାଳ ବାଡେଇ ଗାଉଥାନ୍ତି "ରଘୁପତି ରାଘବ ରାଜା ରାମ।"
ପଶି ଆସିଲେ ସୁନୟନା। ତାଙ୍କ ହାତରେ ପିଣ୍ଡ ପାଇଁ ପ୍ରସ୍ତୁତି ହୋଇଥିବା ଅନ୍ନ ଥାଳି। ମୁହଁରେ ମାସ୍କ ତାଙ୍କ ପଛେ ପଛେ ଆସିଲା ହରି, ତା ହାତରେ ପଞ୍ଚଗବ୍ୟ ଓ ଚୁନାଫୁଲ ଥିବା ଗୋଟିଏ ଡାଲା। କୋଠରୀର ଅନ୍ୟ ଏକ କୋଣରେ ପୂଜା ଓ ହୋମ ଶେଷ ହୋଇ ଯାଇଥିବାର ଦୃଶ୍ୟ। ଏକ ହୋମକୁଣ୍ଡ ଓ ତା ଚାରିକଡରେ ନାନାଦି ପୂଜା ଉପକରଣ ଓ ଗୋଟିଏ କଦଳୀ ପତ୍ର ଉପରେ ଦଶଟି ଅନ୍ନଗୁଣ୍ଡା, ତା ଉପରେ ଢଳା ହୋଇଥାଏ କ୍ଷୀର ଓ ଦିଆଯାଇଥାଏ ଫୁଲ।)

ହରି - ଦିଦି, ବାହାରେ ଲୋକ ଗହଳି କଲେଣି। ଭିତରକୁ ଡାକି ଦେବି ?

ସୁନୟନା- ହଁ, ତା ପୂର୍ବରୁ ଏ ପଞ୍ଚଗବ୍ୟ ଆଶ୍ରମର ସବୁ କୋଠରୀ ଭିତରେ, ବାହାରେ ଛିଞ୍ଚି ଦେଇ ଆସ। ସୋନୁ ବାବୁ ଅଛନ୍ତି, ଅତିଥିମାନଙ୍କ କଥା ବୁଝିବେ।

ହରି - ଏ ଫୁଲଡଲା କୋଉଠି ଥୋଇବି ?

ସୁନୟନା- (ବିରକ୍ତ ହୋଇ) ମୋ ମୁଣ୍ଡ ଉପରେ ଥୋ ! କିରେ, ସେଇ ଟେବୁଲ୍ ପାଖରେ ରଖୁନୁ। ଯେଉଁ ଲୋକମାନେ ଆସିବେ, ମଉସାଙ୍କୁ ଫଟୋରେ ଫୁଲ ଚଢେଇବେ। ତୁ ପଞ୍ଚଗବ୍ୟ ଚାରିଆଡେ ବିଞ୍ଚି ଦେଇ ଖାଇବା ଜାଗାରେ ଟିକେ ନିଜର ରଖି ଥା। ମୁଁ ଏଠିକା କାମ ଦେଖୁଛି। (ଧୀରେ ଧୀରେ ସୋନୁ ସହ କୋଠରୀ ଭିତରକୁ ପଶି ଆସିଲେ ଆଶ୍ରମର କିଛି ଲୋକ। ସମସ୍ତେ ପିନ୍ଧିଥାନ୍ତି ପ୍ରାୟ ଧଳ ଧୋତି, ଚଦର, ନହେଲେ ଧଳା ଟ୍ରାଉଜର, ପଞ୍ଜାବୀ। ସମସ୍ତେ ଲଣ୍ଡିତ ମୁଣ୍ଡ। କାହା କାହା ବେକରେ ତୁଳସୀ ମାଳ। ମୁହଁରେ ମାସ୍କ।)

(ସମସ୍ତେ ଚେୟାରରେ ସ୍ଥାନ ଗ୍ରହଣ କରିବା ପରେ ସୁନୟନା ଭଜନ ବନ୍ଦ କରିବାକୁ ନିର୍ଦ୍ଦେଶ ଦେଲେ। ହାତଯୋଡି ସମସ୍ତଙ୍କୁ ନମସ୍କାର କରିବା ପରେ କହିବା ଆରମ୍ଭ କଲେ)

ସୁନୟନା- ନମସ୍କାର। ମୋର ଅନୁରୋଧ, ଆପଣମାନେ ଜଣେ ଜଣେ ଆସି ମଧୁସୂଦନ ମଉସାଙ୍କ ମୃତ ଆତ୍ମା ପ୍ରତି ନିଜର ଶ୍ରଦ୍ଧାଞ୍ଜଳି ଦିଅନ୍ତୁ ଓ ଯିଏ ଯାହା ତାଙ୍କ ସମ୍ବନ୍ଧରେ କହିବା ପାଇଁ ଚାହାନ୍ତି, କୁହନ୍ତୁ। ଆପଣମାନେ ଜାଣନ୍ତି, ମଧୁମଉସାଙ୍କ ସୁପୁତ୍ର ନିଶାନ୍ତ ରଞ୍ଜନ ଓ ବଧୂ ପ୍ରମୋଦିନୀ ଆମେରିକାରେ ଥିବା ହେତୁ ଏ ଶ୍ରାଦ୍ଧରେ ଯୋଗ ଦେବା ପାଇଁ ଆସି ପାରିନାହାନ୍ତି। ବର୍ତ୍ତମାନ କରୋନା ଯୋଗୁଁ ସବୁ ଦେଶରେ, ସହରରେ ଲକ୍‌ଡାଉନ୍ ଲାଗିଛି। ତେଣୁ ଉଡାଜାହାଜ ଯାତାୟତ ବନ୍ଦ ଅଛି। ଅବଶ୍ୟ ନିଶାନ୍ତ ବାବୁ ଏକ ଭିଡିଓ ମାଧ୍ୟମରେ ତାଙ୍କ ପିତାଙ୍କ ଆତ୍ମାକୁ ଶ୍ରଦ୍ଧାଞ୍ଜଳି ଦେଇଛନ୍ତି। ମଉସାଙ୍କ ନାତି ସୋମେଶ ସମସ୍ତ ଶ୍ରାଦ୍ଧ କର୍ମ ଶ୍ରଦ୍ଧା ଓ ଭକ୍ତିରେ କରିଛନ୍ତି। ଦୀର୍ଘ ବାରବର୍ଷ ହେବ ମଧୁମଉସା ଆମ ବୃଦ୍ଧାଶ୍ରମର ଅନ୍ତେବାସୀ ଥିଲେ। ପ୍ରତି ବର୍ଷ ତାଙ୍କ ଜନ୍ମ ଦିନରେ ତାଙ୍କ ପୁଅ, ବୋହୂ ପଠେଇଥିବା କେକ୍ ନଖାଇ ସେ ମୋ ହାତ ତିଆରି ଚକୁଳି ଓ କ୍ଷୀରି ଖାଇ ଖୁସି ହେଉଥିଲେ। ସେ ଥିଲେ ମୋର ବୁଢା ପୁଅ। ମୋତେ 'ମା' ବୋଲି ସମ୍ବୋଧନ କରୁଥିଲେ। ଏ ବର୍ଷ ତାଙ୍କ ଜନ୍ମଦିନରେ ମୋ ହାତରୁ ଚକୁଳି ଖାଇବା ବେଳେ ତାଙ୍କର ଆତ୍ମା ଶରୀର ତ୍ୟାଗ କରିଥିଲା, ସେହ ମୁହୂର୍ତ୍ତରେ ସେ ନିଜର ପୁତ୍ର, ପୁତ୍ରୀ ନୁହଁ, ନିଜର ମା'ଙ୍କୁ ହିଁ ସ୍ମରଣ କରୁଥିଲେ। "ମା, ମୋତେ ତୋ ପାଖକୁ ନେଇ ଯା।"

ଏହାହିଁ ଥିଲା ତାଙ୍କର ଶେଷ ବାକ୍ୟ। ମୁଁ ତାଙ୍କ ଆତ୍ମାର ସଦ୍‌ଗତି କାମନା କରୁଛି। (ଏତକ କହି ସେ ଡଲାରୁ ଫୁଲ ନେଇ ମଧୁସୂଦନଙ୍କ ଫଟୋ ପାଖରେ ଦେଇ, ଧୂପ ବୁଲାଇ ପ୍ରଣାମ କରି ଆସିଲେ। ତାପରେ ସୋନୁ - ଏବଂ ପରେ ପରେ ଚଉକିରେ ବସିଥିବା ସମସ୍ତ ଆଶ୍ରମ ଅନ୍ତେବାସୀ ମଧୁସୂଦନଙ୍କ ଫଟୋ ପାଖରେ ପୁଷ୍ପାଞ୍ଜଳି ଓ ପ୍ରଣାମ ହେଲେ। ଗୋଟିଏ ମୋବାଇଲ୍‌ରୁ ଧୀର ସ୍ୱରରେ ବାଜୁଥାଏ ଗୀତାର ପଦ "ବାସାଂସି ଜୀର୍ଣ୍ଣାନି....")

ସୁନୟନା- (ସମସ୍ତେ ଶ୍ରଦ୍ଧାଞ୍ଜଳୀ ଦେଇ ସାରିବା ପରେ)

ମୁଁ ମଧୁ ମଉସାଙ୍କ ତରଫରୁ ସମସ୍ତ ଅନ୍ତେବାସୀ ଏବଂ ଅତିଥି- ଯେଉଁମାନେ ଆଜି ଶ୍ରାଦ୍ଧ ଉତ୍ସବରେ ଯୋଗ ଦେଇଛନ୍ତି, ସମସ୍ତଙ୍କୁ ଧନ୍ୟବାଦ ଜଣାଉଛି। ମଣିଷ କେବଳ ନୁହେଁ, ଦେବତା ମଧ ଏ ମର୍ତ୍ତ୍ୟ ମଣ୍ଡଳରେ ଜନ୍ମନେଲେ ମରଣ ଭୋଗିଥାଏ। ସ୍ୱୟଂ ଶ୍ରୀ ରାମଚନ୍ଦ୍ର ଓ ଶୀକୃଷ୍ଣ ମଧ ମୃତ୍ୟୁ ଦଶା ଭୋଗିଥିଲେ। ତେଣୁ ମୃତ୍ୟୁକୁ ନ ଡରି ଯେତିକି ଦିନ ପ୍ରଭୁ ଆମକୁ ଜୀବିତ ରଖିଛନ୍ତି, ସେଇ ମୁହୂର୍ତ୍ତ ଗୁଡିକୁ ଆନନ୍ଦରେ କର୍ମ ମୁଖର କରି କଟାଇବା ଆମର କର୍ତ୍ତବ୍ୟ। ବର୍ତ୍ତମାନ ମୋ ସମ୍ମୁଖରେ ଏକ ଗୁରୁଦାୟିତ୍ୱ ରହିଛି। ତାହା ମୁଁ ଆପଣମାନଙ୍କ ଉପସ୍ଥିତରେ ସମାପନ କରିବା ପାଇଁ ଚାହୁଁଛି। ମଧୁ ମଉସା ଏଇ ତିନିମାସ ତଳେ କରୋନା ଭୟରେ ନିଜର ସମସ୍ତ ସମ୍ପତ୍ତିର ଏକ ଉଇଲ୍ କରି ଦେଇଯାଇଥିଲେ ଜଣେ ଓକିଲଙ୍କୁ ଡାକି। ସେ ଓକିଲ ଶ୍ରୀଯୁକ୍ତ ଜ୍ଞାନରଞ୍ଜନ ମହାପାତ୍ର ଏଠାରେ ଅଛନ୍ତି। ମୁଁ ତାଙ୍କୁ ଡାକି ଦେବି। ସୋମେଶ ତାଙ୍କର ପରିବାରର ଏକମାତ୍ର ସଦସ୍ୟ ଯିଏ ଏଠି ଉପସ୍ଥିତ ଅଛନ୍ତି। ତାଙ୍କର ଗୋଚରାର୍ଥେ ଏ ଉଇଲ୍ ସର୍ବସମକ୍ଷରେ ଉପସ୍ଥାପନ ହେବ। (ବଡ ପାଟିରେ) ହରି, ହରି ! ଓକିଲ ମଉସାଙ୍କୁ ଡାକି ଆଣିଲ ଏଇଠିକି।

(ହରି ସହ ପଶିଆସିଲେ ଓକିଲ ଜ୍ଞାନରଞ୍ଜନ ମହାପାତ୍ର। ଦେହରେ କଳା କୋର୍ଟ ଓ ହାତରେ ଗୋଟିଏ କଳା ବ୍ରିଫ୍ କେସ୍। ମୁହଁରେ ମାସ୍କ, ହରି ତାଙ୍କ ପାଇଁ ଏକ ସ୍ୱତନ୍ତ୍ର ଚେୟାର ଦେଲା। ବସି ପଡିବା ପରେ ବ୍ରିଫ୍‌କେଶ୍ ଖୋଲି ଗୋଟେ ଫାଇଲ୍ ବାହାର କରି ସୋନୁ ହାତକୁ ବଢାଇ ଦେଲେ।)

ଓକିଲ - ନମସ୍କାର। ମୁଁ ମଧୁସୂଦନ ତ୍ରିପାଠୀଙ୍କ ଓକିଲ ଜ୍ଞାନରଞ୍ଜନ ମହାପାତ୍ର। ମୋର ଅନୁରୋଧ, ମଧୁସୂଦନ ତ୍ରିପାଠୀଙ୍କ ପୌତ୍ର ସନତ୍ ତ୍ରିପାଠୀ, ତାଙ୍କ ପିତା ଶ୍ରୀଯୁକ୍ତ ନିଶାନ୍ତ ରଞ୍ଜନ ତ୍ରିପାଠୀଙ୍କ ପ୍ରତିନିଧି ରୂପେ ଏ ଉଇଲ୍ ନିଜେ ପଢନ୍ତୁ।

ସୋନୁ - ନା, ନା, ... ଆପଣ ପଢି ଶୁଣାନ୍ତୁ। ମୁଁ ପାରିବିନି। (ଫାଇଲ୍ ଫେରାଇ ଦେଲା)

ଓକିଲ - ଠିକ୍ ଅଛି। ମୁଁ ମଧୁସୂଦନ ତ୍ରିପାଠୀଙ୍କ ଉଇଲ୍ ପଢୁଛି। ଏଠାରେ ଯେଉଁମାନେ ଉପସ୍ଥିତ ଅଛନ୍ତି ସେମାନେ ଏ ଉଇଲ୍ ପାଠ ହେବାର ସାକ୍ଷୀ ହିସାବରେ ଏ ଉଇଲ୍ ପଛପଟେ ଦସ୍ତଖତ କରିବେ। (ସୋନୁ ଓ ସୁନୟନା ତାଙ୍କ ଦୁଇ ପାଖରେ ଦୁଇଟି ଚେୟାର୍‌ରେ ବସିପଡିଲେ।)

ଓକିଲ - (ଉଇଲ୍ ପଢିଲେ)

"ମୁଁ, ଶ୍ରୀ ମଧୁସୂଦନ ତ୍ରିପାଠୀ, ପିତା, ଦାମୋଦର ତ୍ରିପାଠୀ, ମାତା, ମଞ୍ଜରୀ ତ୍ରିପାଠୀ, ଗ୍ରାମ- କୁସୁନୁପୁର, ଜି- ବାଲେଶ୍ୱର, ଓଡିଶା, ମୋର ସୁସ୍ଥ ମସ୍ତିସ୍କରେ ମୋର ସମସ୍ତ ସ୍ଥାବର ସମ୍ପତ୍ତି ଯଥା ମୋର ଘର ଓ ଫ୍ଲାଟ୍ ମୋର ନାତି ସନତ୍ ତ୍ରିପାଠୀ ଏବଂ ସମସ୍ତ ଅସ୍ଥାବର ସମ୍ପତ୍ତି ଯଥା ବିଭିନ୍ନ ବ୍ୟାଙ୍କ୍‌ରେ ଜମା ଟଙ୍କା, ସୁନା, ରୂପା ଇତ୍ୟାଦି ମୁଁ ଦୀର୍ଘ ବାରବର୍ଷ ଧରି ଅବସ୍ଥାନ କରିଥିବା "ସାନିଧ" ବୃଦ୍ଧାଶ୍ରମକୁ ଦାନ କରୁଛି। ମୋର ଅବର୍ତ୍ତମାନରେ ମୋର ଓକିଲ ଶ୍ରୀଯୁକ୍ତ ଜ୍ଞାନରଞ୍ଜନ ମହାପାତ୍ର, ପି: ଅଲେଖ ମହାପାତ୍ର, ଗ୍ରାମ: ମରୁଝାର, ଜି: ଭଦ୍ରଖ, ଏହି ଉଇଲ୍ ଅନୁଯାୟୀ ସମ୍ପତ୍ତି ଆବଣ୍ଟନ ଦାୟିତ୍ୱରେ ରହିବେ।

ସାକ୍ଷୀ: ଦସ୍ତଖତ :

୧. ଗୋପୀନାଥ ପାଇକରାୟ ମଧୁସୂଦନ ତ୍ରିପାଠୀ

୨. ଲୋକନାଥ ମହାନ୍ତି ତା ୧୪/୦୮/୨୦୧୯

(ଉଇଲ୍ ପଢା ସରିବା ପରେ ଉପସ୍ଥିତ ଆଶ୍ରମବାସୀ ଜୋର୍‌ରେ ତାଳି ମାରିଲେ। ସୁନୟନା ହାତ ଦେଖାଇ ତାଳି ମାଡ ବନ୍ଦ କଲେ। ସୋନୁ ଓ ଅନ୍ୟମାନେ ଓକିଲଙ୍କ ନିର୍ଦ୍ଦେଶ ଅନୁଯାୟୀ ଉଇଲରେ ଦସ୍ତଖତ କଲେ।)

(ଏହି ସମୟରେ ସୋନୁର ପକେଟ୍ରେ ଥରବା ଫୋନ୍ ବାଜି ଉଠିଲା। ସେ ଉଠିପଡି ଫୋନ୍ ଧରିଲା। ସେପଟୁ ଆସୁଥିବା ସ୍ୱର ସମସ୍ତଙ୍କୁ ଶୁଭିବା ପାଇଁ ସ୍ପିକର ଅନ୍ କରିଦେଲା।)

ସୋନୁ - ହ୍ୟାଲୋ, ପାପା। କୁହ -

ନିଶାନ୍ତର ସ୍ୱର - ଶ୍ରାଦ୍ଧକର୍ମ ସରିଲାଣି ? ସମସ୍ତେ ଶାନ୍ତିଦୋକ ପାଇଲେଣି ?

ସୋନୁ - ହଁ, ବାପା ! କିନ୍ତୁ ଜେଜେ ଗୋଟେ କାଣ୍ଡ କରିଯାଇଛନ୍ତି।

ନିଶାନ୍ତର ସ୍ୱର - କ'ଣ ହେଲା ? କାଣ୍ଡ ? କି କାଣ୍ଡ ?

ସୋନୁ - ଯିବା ଆଗରୁ ତାଙ୍କର ସମ୍ପତ୍ତି ଉଇଲ୍ କରି ଦେଇ ଯାଇଛନ୍ତି।

ନିଶାନ୍ତର ସ୍ୱର - ବାଃ, ଏତ ଭଲ କଥା। ଗଲା, ଅଡୁଆ ଛିଡିଲା। ମୁଁ ତ ତୋତେ ସେଇ ବିଷୟରେ କିଛି କହିଥାଆନ୍ତି। ଉଇଲ ପଢା ସରିଲାଣି ?

ସୋନୁ - ଆଜ୍ଞା। ଏବେ ହିଁ ପଢା ହେଉଥିଲା, ସବୁ ଭଦ୍ରଲୋକଙ୍କ ସାମନାରେ --

ନିଶାନ୍ତର ସ୍ୱର - କ'ଣ ଲେଖିଛନ୍ତି ବାପା ? କ'ଣ ତାଙ୍କର ଇଚ୍ଛା ?

ସୋନୁ - ସବୁ ସ୍ଥାବର ସମ୍ପତ୍ତି ମୋ ନାଁରେ ଆଉ ଅସ୍ଥାବର ସମ୍ପତ୍ତି ବୃଦ୍ଧାଶ୍ରମ ନାଁରେ କରି ଦେଇଛନ୍ତି।

ନିଶାନ୍ତର ସ୍ୱର - (ତାଳି ମାଡ) ବାଃ, ବଢିଆ ! ମୁଁ ବି ଠିକ୍ ସେଇକଥା ଭାବୁଥିଲି। ଆମର ତ ଏଠାରେ ଏତେ ବଡ ଘର ଅଛି। ସେ ଗାଁ ଘର ତୋର କ'ଣ ହେବ ? ତୁ ବି.ଟେକ୍ ପରେ ଆମ ପାଖକୁ ପଳେଇ ଆସିବୁ। ସେ ଘର କକେଇଙ୍କ ନାଁରେ କରି ଦେଇ ଆସିବୁ। ଆଉ ଯାହା ଟଙ୍କା ପଇସା, ସୁନା ଅଛି ସବୁ ବୃଦ୍ଧାଶ୍ରମକୁ ଦିଆଯାଉ। ଭୁବନେଶ୍ୱର ଶୈଳଶ୍ରୀ ବିହାରରେ ଥିବା ଫ୍ଲାଟ୍‌ଟି ତୋ ନାଁରେ ରଖିବୁ। ବୁଝିଲୁ ?

ସୁନୟନା - (ସୋନୁ ହାତରୁ ଫୋନ୍‌ଟି ମାଗିନେଇ) ଆଜ୍ଞା ସାର; ଆପଣ ବଡ ଦୟାଳୁ। ମଧୁ ମଉସା ଏତେ ବଡ ଦାନଟେ କରିଯିବେ ବୋଲି ଆମେ ଜାଣି ନଥିଲୁ। ଆପଣଙ୍କ ମୁହଁରୁ ସବୁ ଶୁଣି ମୁଣ୍ଡରୁ ବୋଝ ଉତୁରି ଗଲା, କାରଣ ମଧୁ ମଉସାଙ୍କ ସମ୍ପତ୍ତିର ଅସଲ ଦାୟାଦ ଆପଣ ନା ?

ନିଶାନ୍ତର ସ୍ୱର - ଆପଣ ତାଙ୍କର ବାର୍ଦ୍ଧକ୍ୟ ବେଳରେ ଯେତିକି ସ୍ନେହ, ମମତା ଓ ସେବା ଯୋଗେଇଛନ୍ତି, ଆମେ ପାଖରେ ଥିଲେ ବି ହୁଏତ କରି ପାରି ନଥାନ୍ତୁ। ତେଣୁ ଆପଣଙ୍କ ସେ ସମ୍ପତ୍ତିର ଅସଲ ଅଧିକାରୀ।

ସୁନୟନା- ବହୁତ ବହୁତ ଧନ୍ୟବାଦ। ଆମ ଆଶ୍ରମର ସମସ୍ତ ଅନ୍ତେବାସୀଙ୍କ ତରଫରୁ ମୁଁ ✓ମଧୁସୂଦନ ତ୍ରିପାଠୀଙ୍କ ପରିବାରକୁ ବହୁତ ବହୁତ କୃତଜ୍ଞତା ଜ୍ଞାପନ କରୁଛି।

(ମଧୁସୂଦନଙ୍କ ଫଟୋ ପାଖକୁ ଯାଇ ଛଳ ଛଳ ଅଖିରେ ମୁଣ୍ଡ ନୁଆଇଁ ପ୍ରଣତି ଜଣାଇଲେ।) କହିଲେ -

ସୁନୟନା - ମଧୁମଉସା ତାଙ୍କ ଜନ୍ମଦିନରେ ଇହ ସଂସାର ତ୍ୟାଗ କରି ଅବିନାଶୀ ସ୍ୱର୍ଗଧାମକୁ ଚାଲିଗଲେ। ତାଙ୍କରି ସ୍ମୃତିକୁ, ଦାନକୁ ଚିରଞ୍ଜିବୀ କରିବା ପାଇଁ ପ୍ରତିବର୍ଷ ତାଙ୍କର ତିରୋଧାନ ତଥା ଜନ୍ମଦିନ ଦିବସକୁ ଆମେ ଏହି ଆଶ୍ରମରେ "ସ୍ୱେଚ୍ଛାଦାନ ଦିବସ" ରୂପେ ପାଳନ କରିବୁ। ଆପଣମାନେ ସମସ୍ତେ ରାଜି ତ ?

(ସମସ୍ତ ଅତିଥି ଓ ଅନ୍ତେବାସୀଙ୍କ କରତାଳିରେ କମ୍ପି ଉଠିଲା ସେ କକ୍ଷ। ହରି ନିଜର ମାସ୍କ ମୁହଁରୁ କାଢି ବାଁ ହାତରେ ଧରି ଭେଁ କରି କାନ୍ଦି ଉଠିଲା "ବୁଢାବାବୁ....")

■

ସଙ୍ଗରୋଧ

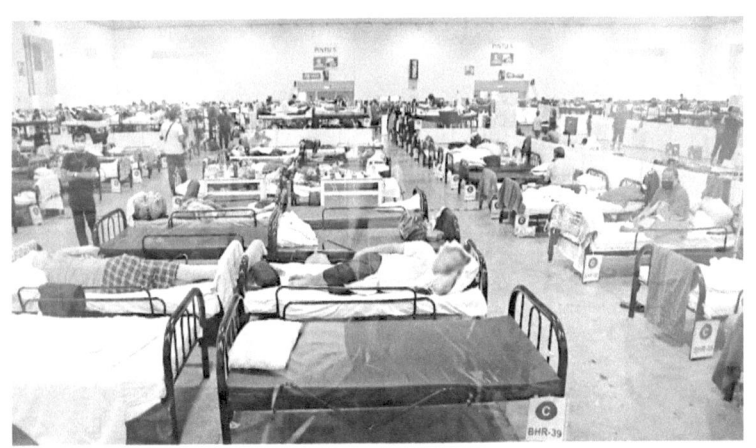

ସଙ୍ଗରୋଧ

- ନାଟ୍ୟ ଚରିତ୍ର -

ମାଳତୀ - ମହିଳା ସରପଞ୍ଚ

ରଜତ ମହାକୁଡ - ସୁରତରୁ ଫେରିଥିବା ପ୍ରବାସୀ ଶ୍ରମିକ

ଶରତ ମହାକୁଡ - ରଜତଙ୍କ ପିତା, ବୟସ୍କ ଗ୍ରାମ୍ୟ ଭଦ୍ରଲୋକ

ଅନାଦି - ପିଅନ

ରୀନା - ପ୍ରବାସୀ ମହିଳା ଶ୍ରମିକ

ବୁଢା - ରୀନାର ବାପା

ନିରୁ - ରଜତ୍‌ର ପତ୍ନୀ

ସାବିତ୍ରୀ - ରଜତ୍‌ର ମା'

- ପ୍ରଥମ ଦୃଶ୍ୟ -

(ଭଞ୍ଜନଗରରେ ଏକ କ୍ୱାରାନ୍‌ଟାଇନ୍ ସେଣ୍ଟରର ଦୃଶ୍ୟ। ପଞ୍ଚାୟତର ଅଙ୍ଗନବାଡି। ଦୁଇ ମିଟର ଦୂରତାରେ ୩୦ ଟି ବେଡ୍ ପଡିଥିବା ଗୋଟେ ଲମ୍ବା ହଲ୍। ସବୁ ବେଡ୍ ପାଖରେ ସାନିଟାଇଜର୍‌ଟିଏ ରଖାଯାଇଛି। ସବୁ ଅନ୍ତେବାସୀଙ୍କ ମୁଖରେ ମାସ୍କ। ସମୟ ସକାଳ ୭ଟା। ପ୍ରାୟ ସମସ୍ତେ ପ୍ରବାସୀ ଓଡିଆ। ସୁରଟରୁ ଫେରିଥିବାରୁ କ୍ୱାରାନ୍‌ଟାଇନ୍ ସେଣ୍ଟରରେ ରଖାଯାଇଛି ସେମାନଙ୍କୁ।)

(ପରଦା ଉନ୍ମୋଚନ ହେଲା ବେଳକୁ ଜଣେ ମହିଳା ଗ୍ରାମ ସେବିକା ମାଳତୀ ପିଠିରେ ଏକ ସାନିଟାଇଜେସନ୍ ପ୍ୟାକ୍ ପକାଇ ଗୋଟେ ସ୍ପ୍ରେ ସାହାଯ୍ୟରେ କ୍ୱାରାନ୍‌ଟାଇନ୍ ସେଣ୍ଟର ବାହାରେ ସ୍ପ୍ରେ କରୁଥାନ୍ତି। ପଶି ଆସିଲେ ଜଣେ ବୃଦ୍ଧ ଲୋକ ଶରତ ମହାକୁଡ ମୁହଁରେ ମାସ୍କ ନାହିଁ।)

ଶରତ-	(ବଡ ବିକଳରେ) ମା'... ମା'... ଟିକେ ମୋ କଥା ଶୁଣ ମା'।
ମାଳତୀ-	ହଁ, ହଁ, କୁହନ୍ତୁ, ମଉସା, କ'ଣ ହେଲା ? ଆପଣ କ'ଣ ମାସ୍କ ପିନ୍ଧି ନାହାନ୍ତି ? (ନିଜ ବ୍ୟାଗ୍‌ରୁ ମାସ୍କଟିଏ କାଢି ବଢେଇ ଦେଲେ)।
ଶରତ -	ମୋ ପୁଅ.... ରଜତ ମହାକୁଡ ଏଇଠି ଆସି ରହିଛି ବୋଲି ଶୁଣିଲି। ଦଶଦିନ ଚାଲି ଚାଲି ସୁରଟରୁ ଆସିଛି। ମୁଁ ଖାଲି ଥରେ ତାକୁ ଦେଖିବି ମା।
ମାଳତୀ-	ଆପଣ ଏତେ ବାଟ ଆସିଲେ କେମିତି, ମଉସା ? ଏବେ ତ ଲକ୍‌ଡାଉନ୍ ସମୟ-
ଶରତ-	ମା, ଆମ ଗାଁ ଏଠୁ ବାଇଶ କିଲୋମିଟର। ମୋ ସ୍ତ୍ରୀ ଆଉ ବୋହୂର କାନ୍ଦ ସହି ନପାରି ସାଇକଲ୍ ଧରି ମୁଁ ଚାଲି ଆସିଛି।
ମାଳତୀ-	ଠିକ୍ ଅଛି। (ଗୋଟେ ଚୟାର ବଢେଇ ଦେଇ) ଆପଣ ଏଇଠି ବସନ୍ତୁ। ମୁଁ ଲିଷ୍ଟ ଦେଖି କହୁଛି, ରଜତ ଏ ସେଣ୍ଟରରେ ଅଛନ୍ତି ନା ନାହିଁ। (ବୃଦ୍ଧଙ୍କ ହାତକୁ ସାନିଟାଇଜର ସ୍ପ୍ରେ କରି ସଫା କରି ଦେଲେ। ଭିତରକୁ ଯାଇ କିଛି ସମୟ ପରେ ଫେରି ଆସିଲେ)
ମାଳତୀ-	ମଉସା ସେ ଏଇଠି ଅଛନ୍ତି। ମୁଁ ରଜତଙ୍କୁ ଡାକି ଆଣୁଛି। ଆପଣ ତାଙ୍କ ସହ ଦୂରରୁ କଥା ହେବେ। ଆପଣ ଜାଣନ୍ତି ଏବେ ସେମାନେ ଦୂରରୁ ଆସିଥିବାରୁ ସଙ୍ଗରୋଧରେ ଅଛନ୍ତି। କରୋନାରୁ ନିରାପଦ ରହିବା ପାଇଁ ନିୟମ ପାଳିବା ଜରୁରୀ।
ଶରତ -	ହଁ ମା, ମୁଁ ତାକୁ ଛୁଇଁବି ନାହିଁ। ଟିକେ ନିଜ ଆଖିରେ ଦେଖି ଦେଇ ପଳେଇବି। (ମାଳତୀ ଭିତରକୁ ଗଲେ)। (ଦୃଶ୍ୟ ପଲଟିଗଲା। ସେଣ୍ଟର ଭିତର ଦୃଶ୍ୟ।)
ମାଳତୀ-	ରଜତ ମହାକୁଡ ! ରଜତ ମହାକୁଡ ! (ପ୍ରଥମେ ଧୀରେ ଓ ପରେ ସ୍ୱର ଉଚ୍ଚା କରି ଡାକିଲେ) (ଘଣ୍ଟା ଶୁଭିଲା। ଲୋକମାନେ ଜଣେ ଜଣେ ବିଛଣାରୁ ଉଠି ବାଥରୁମ୍‌ଆଡେ ଚାଲିଲେ। କିଛି ଲୋକ ବାଥରୁମ୍‌ରୁ ଫେରି ନିଜ ବେଡ୍ ଉପରେ ବସି ନିଜ ନିଜର ଚା କପ୍ ଓ ପ୍ଲେଟ୍ ବାହାର କଲେ। ଜଣେ ଆଟେଣ୍ଡାଣ୍ଟ୍ ଅନାଦି ବଡ ଏକ ବ୍ୟାଗରେ ବିସ୍କୁଟ୍ ପ୍ୟାକେଟ୍ ଓ ଚା କେଟ୍‌ଲି ଧରି ପଶି ଆସିଲା)

ଅନାଦି- ନିଜ ନିଜ କପ୍ ଦେଖାନ୍ତୁ। ଟି ଟାଇମ୍- ଟି ଟାଇମ୍ - (ଅନାଦି ଟିକେ ମଜାଳିଆ। ହାତ ଗୋଡରେ ଜୋକର ପରି ଆକ୍‌ସନ କରି ଲୋକମାନଙ୍କୁ ଖୁସି କରିବାକୁ ଚେଷ୍ଟା କରୁଥିଲା। ପାନଖିଆ ନାଲି ଦାନ୍ତ ଦେଖେଇ ହସୁଥାଏ।)

ମାଳତୀ- (ଶାସନ ଢଙ୍ଗରେ)ଅନାଦି! ଏ ଅନାଦି! ଭାଡିଏ ଉଖୁଡା ଦାନ୍ତ କାଇଁକି ଦେଖଉଛୁ? ଦେଖିଲୁ ରଜତ ମହାକୁଡ କାହାନ୍ତି? (ବାହାରକୁ ଚାଲିଗଲେ)

ଅନାଦି - (ମୁଣ୍ଡ କୁଣ୍ଡେଇ) ନାଇଁ ଆଜ୍ଞା, ଦେଖୁଛି। (ଜଣେ ଲୋକକୁ) ହଇହୋ... ତୁମକୁ ତ ଜଣାଥିବ। ରଜତ ବାବୁ ଥିଲେଟି ରାତିରେ... ଏଇଠି, କାଇଁ ଦିଶୁ ନାହାନ୍ତି। କ'ଣ ବାଥ୍‌ରୁମ୍ ଆଡେ ଯାଇଛନ୍ତି କି?

ଲୋକ - (ମୁଣ୍ଡ ହଲାଇ) ନା, ନା, ମୁଁ ତ ତାଙ୍କୁ ଆଜି ସକାଳୁ ଦେଖିନାହିଁ। କାଲି ରାତିରେ ଶୋଇବାକୁ ଯିବା ପୂର୍ବରୁ ଚାରି ଛଅ ଜଣ ଟୋକା ମିଶି ଏଠି 'ହରିଶ୍ଚନ୍ଦ୍ର' ନାଟକ କରୁଥିଲେ। ରଜତ୍ ହରିଶ୍ଚନ୍ଦ୍ର ଭୂମିକାରେ ଅଭିନୟ କରୁଥିଲେ। ସକାଳୁ ଆଉ ତାଙ୍କୁ ମୁଁ ଦେଖିନି।

ଅନାଦି- (ଚା ଆଉ ବିସ୍କୁଟ୍ ବାଣ୍ଟୁ ବାଣ୍ଟୁ) ମଉସା, ହେ ମଉସା! ଉଠ ଏଥର, ସକାଳ ଆଠ ବାଜିଲାଣି, ତମ ନିଦ ଭାଙ୍ଗୁନି କି ହୋ? (ଗୀତ ଗାଇବା ସ୍ୱରରେ)

"ରାତି ପାହିଲାଣି ରାବଇ କାଉ,
ଉଠ ଉଠ ମଠ ନ କର ଆଉ।"

(କା' କା' ସ୍ୱର ନକଲ କଲା)

ଲୋକ- ଆରେ, ବୁଢା ଶୋଇଛନ୍ତି. ଏଡେ ପାଟି କରୁଛ କିଆଁ? ଦେଖିଲ, ତାଙ୍କ ଦେହରେ ଜର ଫର ଅଛିକି? (ଅନାଦି ହାତ ମାରି ଦେଖିଲା ବୁଢାଙ୍କ ଦେହରେ ଜର। ଚମକି ପଡିଲା ପରି କହିଲା)

ଅନାଦି- ଏଁ, ବୁଢାଙ୍କୁ ତ ଜର। ମୁଁ ଯାଏଁ ମା'ଙ୍କୁ ଜଣାଏ। ଡାକ୍ତର ବାବୁ ପରା ଦିନ ଏଗାରଟାରେ ଆଇବେ ସମସ୍ତଙ୍କୁ ଦେଖାଦେଖି କରିବା ପାଇଁ। (ଚା, ବିସ୍କୁଟ୍ ବାଣ୍ଟୁ ବାଣ୍ଟୁ ଗୀତ ସ୍ୱରରେ)

"ଆରେ ମୋ ବାପଧନରେ, ଗଲା ମାଳିରେ
କାହିଁକି ଗଲୁ ଦାଦନ ମୋତେ ଛାଡିରେ।"

ଲୋକ - ହେ ବାବୁ, ତୁମେ କ'ଣ ଭାବୁଛ ଆମେ ଖୁସିରେ ଭିଟାମାଟି, ଘରଦ୍ୱାର, ମା' ବାପ ଛାଡି ଦାଦନ ଖଟିବାକୁ ଯାଇଥିଲୁ ? ପରିବାରର ପେଟ ପୋଷିବା ପାଇଁ ନିଜ ଦେହକୁ ମାଟି ପାଉଁଶ କରି ପରବାସରେ ରହି ଟଙ୍କା ରୋଜଗାର କରୁଥିଲୁ। ତେଣେ ସେ ମାଲିକର ଧମକ "ପଳେଇଲେ, ଚାକିରି ନାହିଁ," କୁ ଇଆଡେ କରୋନା କୋପରେ କାମ ବନ୍ଦ। ଧନ୍ଦି ହେଇ ମଲୁ। ଘରଭଡା ଦବାକୁ ହାତରେ ଆଉ ପଇସା ନଥିଲା। କାମ ବନ୍ଦ ହବାରୁ ମାଲିକ ବି ପଇସାଟିଏ ଦବାକୁ ରାଜି ହେଲାନି। କେତେଦିନ ଭୋକ ଉପାସରେ ପଡିଥାନ୍ତୁ ? ଯେମିତି ପାଇଲୁ, ପଳେଇ ଆଇଲୁ। ମରିବୁତ, ବିଦେଶରେ କରୋନାରେ କିଆଁ ମରିବୁ, ନିଜ ପରିବାର ସାଙ୍ଗରେ ଥିଲେ ନିଆଁଟିକେ ତ ମିଳିବ।

(ଅନାଦି ଚା, ବିସ୍କୁଟ୍ ବାଣ୍ଟି ଯିବା ବେଳକୁ ପୁଣି ପଶି ଆସିଲେ ମାଳତୀ)

ମାଳତୀ- ଆରେ ଅନାଦି, ରଜତ ମହାକୁଡର କିଛି ଖବର ପାଇଲୁ ? ତା ବାପା ପରା ଅପେକ୍ଷା କରିଛନ୍ତି ବାହାରେ ତାକୁ ଥରେ ଦେଖିବା ପାଇଁ। କାହିଁ କେତେ ଦୂରରୁ ସାଇକେଲ୍ ପେଲି ଆସିଛନ୍ତି ବୁଢା।

(ମାଳତୀଙ୍କ କଥା ଶୁଣି ଦୁଇ ଜଣ ଯୁବକ ତାଙ୍କ ଆଡକୁ ଆଗେଇ ଆସିଲେ)

ଯୁବକ ୧- ରଜତ ନାହିଁ ଆଜ୍ଞା !

ମାଳତୀ- ନାହିଁ ? ଅର୍ଥାତ୍ -

ଯୁବକ ୧- ଏଠାରେ ମାନେ ଏଇ ସେଣ୍ଟରରେ ନାହିଁ।

ମାଳତୀ- (ବ୍ୟସ୍ତ) କୁଆଡେ ଗଲା ? କେମିତି ଗଲା ?

ଯୁବକ ୧- ଆଜ୍ଞା, କାଲି ରାତି ଖାଇବା ବେଳେ କାନ୍ଦୁଥିଲା। ନିଜ ମା' ହାତରନ୍ଧା ଖାଇବା କଥା ମନେପକାଇ କେତେ କଥା କହୁଥିଲା। କୋଶଳା ଶାଗରେ ନଡିଆ କୋରା ଆଉ ବଡିଚୁରା ଦେଇ ତା ମା' ଯେଉଁ ଶାଗ ଖରଡିଦିଏ ତାହା ବଡ ବଡ ହୋଟେଲ୍‌ର ପନିର୍ ବଟର୍ ଠାରୁ ବେଶୀ ସୁଆଦିଆ ବୋଲି ବହପ କରି କହୁଥିଲା।

ମାଳତୀ- ହଁ, ସେଇଠୁ ?

ଅନାଦି- କିହୋ, ସେ ବାବୁ ପରା କହୁଛନି ତେମେ ସବୁ ନାଟକ କରୁଥିଲ।

ସେ ରଜତ ବାବୁ କାଳେ ହରିଶ୍ଚନ୍ଦ୍ର ପାର୍ଟ କରୁଥିଲେ। ପୁଣି କୁଆଡେ ଗଲେ ସତିଆ ହରିଶ୍ଚନ୍ଦ୍ର ?

ମାଳତୀ- (ଅନାଦିକୁ ଧକ୍କାଟେ ମାରି)

ତୋ କାମ ସଇଲାଣି, ଯା ! ସିଆଡେ ପରିବା କାଟିବୁ। ମଞ୍ଜୁନାନୀ ଆଜି ଆସି ପାରିବନି, ତା ଝିଅକୁ କ'ଣ ଜର ଆସିଛି ବୋଲି କହୁଥିଲା। ତା ଜାଗାରେ ସବୁ କାମ ତୁ କରିବୁ। ଯା -

ଅନାଦି - (ହସି ହସି, ଗୀତ ଗାଇ)

"ସବୁତ କରିବ ଏ ଅନାଦି ବାପୁଡା
କରୋନା ଭୂତକୁ ଦେବ ଦି ଚାପୁଡା।"

ମା - ମା.... ସେ ବୁଢା ବାବୁଙ୍କ ଦେହରେ ପରା ଜର, ଦେଖିଲି ଏଇଲେ।

ମାଳତୀ- ଆଁ, ଜର ? ଗଲୁ, ଥର୍ମୋମିଟର ଆଣି ଆସିଲୁ। କଳାବତୀ ନାନୀକୁ ଡାକିଦେ। ସେ ଗ୍ରାମସେବିକା। ତାକୁ ଏ କାମ ସବୁ ଆସେ। (ଯୁବକଙ୍କୁ ଚାହିଁ) ଆଚ୍ଛା, ନାଟକ ତ କରୁଥିଲ, ତେବେ ରଜତ ଗଲେ କୁଆଡେ? କି ଜବାବ୍ ଦେବି ତାଙ୍କ ବାପାଙ୍କୁ? ଅନାଦି, ଦେଖି, ସେଠି ବସିଛନ୍ତି ଜଣେ ବୁଢାବାବୁ। ତାଙ୍କୁ କିଛି ଏଣୁତେଣୁ କହିବୁନି। କେତେ ଦୂରରୁ ଧାଇଁ... ଧାଇଁ ଆସିଛନ୍ତି ପୁଅକୁ ଦେଖିବା ପାଇଁ।

(ଅନାଦି ଚାଲିଗଲା ବାହାରକୁ)

ଯୁବକ ୨- ମୁଁ ରାତିରେ ଏକ ଯିବା ପାଇଁ ଉଠିଲା ବେଳକୁ ରଜତ୍ ତା ବେଡ୍ ଉପରେ ବସି ତା ଜିନିଷ ସଜାଡୁଥିଲା। ମୁଁ ପଚାରିଲି, ଶୋଇନୁ କାହିଁକି, କ'ଣ କରୁଛୁ? ସେ କହିଲା, ବାପାଙ୍କୁ ସ୍ୱପ୍ନ ଦେଖିଲି। ମୋ ମୁଣ୍ଡ ପାଖରେ ବସି କାନ୍ଦୁଥିଲେ। ମନ ଗୁଡେଇ ହେଉଛି। ଆହୁରି ଆଠଦିନ ଏଠି ରହି ପାରିବିନି। ପଳେଇବି ଘରକୁ।

ମାଳତୀ- ଏୟା କହୁଥିଲା ? ଘରକୁ ପଳେଇନି ତ ସତରେ ?

ଯୁବକ ୨- ସକାଳୁ ଦେଖୁଛି 'ତା' ଜିନିଷପତର କିଛି ନାହିଁ। ତା ଗୋଡରେ ବଡ ଘା' ହୋଇ ଯାଇଥିଲା, କେମିତି ଯାଇଥିବ କେଜାଣି ?

ମାଳତୀ- ଏବେ ତ ବଡ ମୁସ୍କିଲ ହେବ। ଆଜି ପରା ବି.ଡି.ଓ ସାର୍ ଆସିବେ ସେଣ୍ଟର ପରିଦର୍ଶନରେ। ତାଙ୍କ ସହ ବ୍ଲକ୍‌ର ଅଧ୍ୟକ୍ଷ ବି ଆସିବେ।

ଏଠିକାର ଉପସ୍ଥାନ, ଖାଦ୍ୟ ଓ ରହିବା ବ୍ୟବସ୍ଥାର ତର୍ଜମା କରିବେ।
କ'ଣ କରିବା ଏବେ ?
(କୋଠରୀ ଭିତରକୁ ପଶି ଆସିଲେ ଶରତ ବାବୁ)

ଶରତ - (ବ୍ୟସ୍ତ ହୋଇ)
କାହିଁ ଆମ ରଜତ୍ ? ? କାହିଁ ? (ଡାକ ପକେଇଲେ ବଡ ପାଟିରେ)
ରଜୁ... ରଜୁ.. ରେ ରଜୁ... କୁଆଡେ ରହିଲୁ ବାପା ?

ମାଳତୀ- (ଶରତଙ୍କୁ ଦୁଇ ବାହୁ ଧରି ଭିଡି ନେଲେ)
ଆରେ, ଆରେ ମଉସା ! ଆପଣ ଯା ଭିତରକୁ ପଳେଇ ଆସିଲେ ?
ଏଠି ପରା କରୋନା ରୋଗୀ ବି ଅଛନ୍ତି। ଆପଣ ବୟସ୍କ ଲୋକ।
ଆପଣମାନଙ୍କ ପ୍ରତି ପରା ବେଶୀ ବିପଦ- ସରକାର କହିଛି।

ଶରତ - ଆରେ, ଛାଡ ମ। (ନିଜକୁ ଦୃଢ ଭାବରେ ରଖି)
ମୋ ପୁଅ କାହିଁ ଆଗେ କୁହ। କାହିଁ ମୋ ଧନ ! ନାହିଁ ? ? (କାନ୍ଦିବାକୁ ଆରମ୍ଭ କଲେ) କୁଆଡେ ଗଲା ସେ ? ତା ମା', ଭଉଣୀ ନଖାଇ, ନପିଇ ତାକୁ ଚାହିଁ ରହିଛନ୍ତି ଯେ -

ମାଳତୀ- (ରଜତ୍‌ର ସାଙ୍ଗମାନଙ୍କୁ ଦେଖେଇ)
ମଉସା, ଏଇ ଦୁଇଜଣ ସାଙ୍ଗଙ୍କ ସହ କାଲି ରାତିରେ 'ହରିଶ୍ଚନ୍ଦ୍ର' ନାଟକ କରୁଥିଲେ ଏଇଠି। ସବୁ ଠିକ୍ ଠାକ୍ ଥିଲା। ଆଜି ସକାଳୁ ନିଜ ଜିନିଷ ପତ୍ର ଧରି କେତେବେଳେ ଚାଲି ଯାଇଛନ୍ତି।

ଯୁବକ ୨- ହଁ, ହଁ, ସେ କୁଆଡେ ଯାଇନି। ନିଜ ଘରକୁ ଯାଇଛି। ମା, ବାପାଙ୍କ କଥା ବହୁତ ମନେ ପକାଉଥିଲା। ଆହୁରି ଆଠଦିନ ଏଠି ରହିବାକୁ ତା'ର ଧୈର୍ଯ୍ୟ ନଥିଲା। କହୁଥିଲା, ମୋର କରୋନା/ଫରୋନା କିଛି ହୋଇନି। କାହିଁକି ଏଠି ମିଛଟାରେ ପଡିଥିବି ? (ନିଜ ମୋବାଇଲ୍‌ରୁ ରଜତ୍‌ର ଫଟୋ ଶରତଙ୍କୁ ଦେଖାଇଲେ, ଗ୍ରୁପ୍‌ଫଟୋରେ)
ମଉସା, ଏଇ ତ ଆପଣଙ୍କ ପୁଅ ରଜତ୍ ? ଆମେ ପରା କାଲି ସକାଳେ ଯୋଗ କରିବା ବେଳେ ଏ ଗ୍ରୁପ୍ ଫଟୋ ଉଠେଇଥିଲୁ। ତୁମ ପୁଅ ଠିକ୍ ଅଛି। ଘରକୁ ଯାଅ। ସେ ଘରେ ପହଞ୍ଚି ଯାଇଥିବ।

ଶରତ- (ଫଟୋ ଦେଖି, ଫଟୋକୁ ଆଉଁସି)
ଆହା, କେଡେ ଦୁର୍ବଳିଆ ଦିଶୁଛି ଛୁଆଟା। କାହିଁ ସୁରଟ୍‌ରୁ ଆସିଲାଣି...

କେତେ ବାଟ ଚାଲିଥିବ ଓ ଖରାରେ - ନଖାଇ, ନପିଇ-

ଯୁବକ ୧- ନା ନା, ମଉସା। ବ୍ୟସ୍ତ ହୁଅନି। ଆମେ କ'ଣ ପୂରା ବାଟ ଚାଲିକି ଆସିଛୁଁ ନାଁ କ'ଣ? ଆମେ ଦୁଇଶହ କେତେ କିଲୋମିଟର ଚାଲି ଚାଲି ଆସିଥିଲୁ। ତା ପରେ ପରା ଜଣେ ମାରୁଆଡି ଶ୍ୟାମପ୍ରସାଦ ଅଗ୍ରୱାଲ୍ ତାଙ୍କ କମ୍ପାନୀର ଗୋଟେ ବଡ ଭ୍ୟାନ୍ ପଠାଇ ଦେଲେ। ଆମେ ଓଡିଶାର ତିରିଶ ଜଣ ସେଇ ଭ୍ୟାନ୍‌ରେ ଆସିଲୁ।

ଶରତ - ଥରେ ହେଲେ ଫୋନ୍ କରି କହିଥାଆନ୍ତା ଏ କଥା?

ଯୁବକ ୨- ମଉସା, ଆମ ସମସ୍ତଙ୍କ ଫୋନ୍‌ର ବ୍ୟାଟେରୀ ତ ସରିଗଲା। ବାଟରେ। କେମିତି କଥା ହୋଇଥାନ୍ତୁ?

(ଏହି ସମୟରେ ଅନାଦି ସହ ଭିତରକୁ ପଶି ଆସିଲେ ଗ୍ରାମସେବିକା କଳାବତୀ। ଗୋଟେ ମେଡିକାଲ୍ କିଟ୍ ଧରିଥାନ୍ତି ଟ୍ରେ ରେ।)

ଅନାଦି - (ଦାନ୍ତ ନିକୁଟି) ହେ ବାବା- ଦିଦିଙ୍କୁ କେତେ ଖୋଜିଲି, ଜାଇଁଲ? ତାଙ୍କ ଘର ଠିକି ଗଲି। ସେ ପରା ଗାଧୋଇ ଯାଇଥିଲେ। ତରବର କରି ଡାକି ଆଣିଲି।

ମାଳତୀ- ଦିଦି, ଟିକେ ଦେଖିଲ, ଏ ମଉସାଙ୍କ ଦେହରେ କେତେ ଜର ଅଛି, କ'ଣ କରିବା?

(କଳାବତୀ ବୁଢାଙ୍କୁ ପରୀକ୍ଷା କରୁଥାଏ)

ଅନାଦି- (ଶରତ ବାବୁଙ୍କୁ) ଆଜ୍ଞା, ମଉସା, ଡରନି। ଯିଏ ଏତେ ଦୂର ଆଇଲାଣି, ସିଏ କ'ଣ ଆଉ ଏ ଟିକିଏ ବାଟ ଯିବାକୁ ଡରିବ?

ଶରତ - (ମୁଣ୍ଡକୁ ପିଟି) କେତେ ମନା କରିଥିଲି, ନ ଯିବା ପାଇଁ। ଶୁଣିଲାନି। ସେ ଦୟାଭାଇ ଦଲାଲ୍ କି ପାଠ ପଢାଇଲା, ଟଙ୍କା ଲୋଭ ଦେଖାଇଲା, ପାଞ୍ଚ ଜଣ ଟୋକା ଆମ ଗାଁରୁ ଏକାଠି ହୋଇ ତା ସାଙ୍ଗରେ ପଳେଇଲେ।

ମାଳତୀ- ମଉସା, ଲକ୍ଷ ଲକ୍ଷ ଲୋକ ଆସୁଛନ୍ତି। ସରକାର ଲକ୍ ଡାଉନ୍ ଘୋଷଣା କଲା ଠଉ, ସବୁ କୁମ୍ପାନୀ କାମ ବନ୍ଦ କରିଦେଲେ। ଏମାନେ ତ ଦିନକିଆ ମଜୁରୀରେ ଚଳୁଥିଲେ। କାମ ନାହିଁ ତ ମଜୁରୀ ନାହିଁ। କ'ଣ କରିବେ? ଘରଭଡା ଦେବେ କୋଉଠୁ? ଖାଇବେ କ'ଣ? କେହି ମୁଠିଏ ଦାନା ପାଟିରେ ଦେଲେ ନାହିଁ। କିପରି ରହିଥାନ୍ତେ?

শরত -	ଠିକ୍ ଅଛି, ମୁଁ ଯାଉଛି। ରଜତ୍‌ର ଫୋନ ତ ଏବେ ଚାର୍ଜ ହେଇଥିବ। ଫୋନ୍ କରି ବୁଝିବା କୋଇଠି ଅଛି, ମୋ ସାଇକେଲ୍‌ରେ ବସେଇ ନେଇଯିବି ହେଲେ।

ମାଳତୀ- ଚାଲ, ବାହାରକୁ। ମୁଁ ଫୋନ୍ କରୁଛି।

(ଚାଲିଗଲେ, ପରଦା ପତନ)

■

- ଦ୍ୱିତୀୟ ଦୃଶ୍ୟ -

(ରଜତ ମହାକୁଡ ମଫସଲିଆ ରାସ୍ତା କଡରେ ଏକ ବଡ ଗଛ ଛାଇରେ ମୁଣ୍ଡ ତଳେ ଗୋଟେ ହ୍ୟାଣ୍ଡବ୍ୟାଗ୍ ରଖି ଶୋଇ ଯାଇଛି. ତା ପାଖରେ ଥୁଆ ହୋଇଛି ତା'ର ସୁଟ୍‌କେଶ, ଟାଣିଲାବାଲା ଟ୍ରଲି ପରି। ଡାହାଣ ପାଦରେ ବ୍ୟାଣ୍ଡେଜ୍ ପରି କନା ଗୁଡା ହୋଇଛି। ସେଇ ରାସ୍ତାରେ ଝିଅଟିଏ (ରୀନା) ସାଇକେଲ୍‌ରେ ଜଣେ ବୁଢାକୁ ବସେଇ ଯାଉଥାଏ। ତା'ର ନଜର ପଡିଛି ଗଛ ଛାଇରେ ଶୋଇଥିବା ରଜତ ଉପରେ। ସାଇକେଲ୍ ଅଟକେଇ ସେ ପଛରେ ବସିଥିବା ବୁଢାକୁ ଓହ୍ଲେଇ ଦେଇଛି)

ବାପା, ଦି ଢୋକ ପିଇଦିଅ। ମୁଣ୍ଡ ଫଟା ଖରାରେ ତାଲୁ ଶୁଖିଯିବ। (ରଜତ ଆଡକୁ ହାତ ଦେଖାଇ) ବାପା, ସେ ଲୋକଟି ବଞ୍ଚିଛି ନା ମରିଛି କେଜାଣି?

ବୁଢା -	(ତା ହାତକୁ ଝୁଙ୍କେଇ ଦେଇ)

ଚାଲ୍ ଚାଲ୍, ସେ ମରୁ କି ବଞ୍ଚୁ, ଆମର କ'ଣ ଗଲା? ଆହୁରି ତିରିଶ ଚାଳିଶ କିଲୋମିଟର ବାଟ ଯିବାକୁ ଅଛି ମା।

ରୀନା -	ହଁ ଯେ, ଟିକେ ଦେଖି ଦେଇ ଆସେଁ। କେତେ ବାଟରୁ ଆସିଥିବ, ଛୁଆପିଲାଙ୍କୁ ଦେଖିବା ପାଇଁ ବିକଳ ହୋଇ ଚାଲିଥିବ। ଦେଖୁନ, ଗୋଡରେ ପଟି ବାନ୍ଧିଛି। ଚାଲି ଚାଲି ଫୋଟକା ହେଇ ଗଲାଣି।

ବୁଢା -	କ'ଣ ମୋତେ ଓହ୍ଲେଇ ଦେଇ ତାକୁ ତୋ ସାଇକେଲ୍‌ରେ ବସେଇ ତା ଘରେ ଛାଡି ଆଇବୁ ନା କ'ଣ ? ଭୋକରେ ପେଟ କଁ କଁ କରୁଛି - କଉଠି କ'ଣ ଗଣ୍ଡେ ଖାଇବାକୁ ମିଳନ୍ତା କି !!

ରୀନା -	ତୁମେ ଟିକେ ବସି ପଡି ଥକ୍କା ମାର ଏଇ ଛାଇରେ। ମୁଁ ଦେଖେ। (ରଜତ ପାଖକୁ ଯାଇ ଦେଖିଲା, ସେ ଗାଢ ନିଦରେ ଶୋଇଛି। ଉଠେଇବ କି ନାହିଁ ଭାବୁଥିଲା। ତା ବାପା ରଜତ ମୁଣ୍ଡ ତଳୁ ବ୍ୟାଗ୍‌ଟା ଟାଣି ଆଣିଲା।)

ରୀନା -	ହେ, ହେ, ବାପା, ଏ କ'ଣ ପାରୁଛ ?

ବୁଢା -	ନାଇଁ ଲୋ ଝିଅ, ଦେଖୁଥିଲି ଖାଇବା ଜିନିଷ କିଛି କାଳେ ଥିବ - (ବ୍ୟାଗ୍‌ଟା ମୁଣ୍ଡ ତଳୁ ଟାଣି ଆଣିବା ବେଳେ ରଜତ୍‌ର ନିଦ ଭାଙ୍ଗି ଗଲା। ଉଠି ପଡି ବସିଲା। ବୁଢା ହାତରେ ନିଜ ବ୍ୟାଗ୍ ଦେଖି ଚିହିଙ୍କି ଉଠିଲା।)

ରଜତ୍ -	ହେ - ହେ- ବୁଢା - ସେଇଟା ମୋ ବ୍ୟାଗ୍ - ଦିଅ।

ରୀନା -	(ତା ବାପା ହାତରୁ ବ୍ୟାଗ୍ ଟାଣି ଆଣି ବଢେଇଦେଲା)
ନା, ନା, କିଛି ନେଇ ନାହାନ୍ତି। ତାଙ୍କୁ ବହୁତ ଭୋକ ଲାଗିଲାଣି ତ ! କିଛି ଖାଇବା ଜିନିଷ ଥିବ କି ବୋଲି ଖୋଜୁଥିଲେ।

ରଜତ୍ -	ମୁଁ ଆଜି ସକାଳୁ ଭଞ୍ଜନଗର କ୍ୱାରାଣ୍ଟାଇନ୍ ସେଣ୍ଟରରୁ ବାହାରି ଲୁଚି ପଳେଇ ଆସିଛି। ଆମ ଘର ଏଠୁ ଆହୁରି ପନ୍ଦର କିଲୋମିଟର। ଦଶ କିଲୋମିଟର ଚାଲି ଚାଲି ଆସିଲିଣି। ରାତି ଖାଇବାରେ ଦେଇଥିବା ରୁଟି ଚାରିପଟ ଆଉ ଟିକେ ଚିନି ଲୁଚେଇ ଗୋଟେ ପଲିଥିନ୍‌ରେ ବାନ୍ଧି ଦେଇଥିଲି, ସେତକ ଏଇ ଘଣ୍ଟେ ତଳେ ଖାଇ ଦେଲି। ମୋ ପାଖରେ ଆଉ କିଛି ନାହିଁ।

ବୁଢା -	ଚାଲ୍, ଚାଲ ଝିଅ। ଆଗ ଗାଁ ଭିତରକୁ ଚାଲ, ଯାହା ଘରୁ ହେଲେ ତୋରାଣୀ ମୁନ୍ଦେ ନ ପିଇଲେ ଜୀବନ ଛାଡି ଯିବ।

ରଜତ୍ -	(ଝିଅଟିକୁ) ତୁମେ କେଉଁଠୁ ଆଇଲ ? ତୁମ ନାଁ କ'ଣ ?

ରୀନା -	ମୁଁ ବି ସୁରଟ୍‌ରୁ ଆଇଲି। ସେଠି ଗୋଟେ ଲୁଗା କାରଖାନାରେ ମୁଁ ଚାକିରୀ କରିଥିଲି। ଲକ୍ ଡାଉନ୍ ହେଲା ଠୁ ପଳେଇ ଆଇଲୁ। ମୋ ନାଁ ରୀନା। ଇଏ ମୋ ବାପା।

ରଜତ୍-	ଏ ସାଇକେଲ୍ କୋଉଠୁ ପାଇଲ ?

ରୀନା - ନାଁ, ଏଟା ମୋ ସାଇକେଲ୍। ମୁଁ ବସାଘରୁ କାରଖାନାକୁ ଯିବା ପାଇଁ ଏଇଟା କିଣିଥିଲି। ମୋ ବାପା ବି ସୁରଟ୍‌ରେ ଗୋଟେ ବିଲ୍‌ଡର୍ ପାଖରେ କାମ କରୁଥିଲେ। ଦୁହେଁ ଏକାଠି ରହୁଥିଲୁ। ମା ଆଉ ସାନଭାଇ ଆମ ଗାଁ ବଉଳକଣିରେ ଅଛନ୍ତି। ବଡଭାଇ, ଭାଉଜ ବମ୍ବେରେ ଅଛନ୍ତି।

ବୁଢା - କାହିଁକି ଏଠି ଗଜର ଗଜର ହେଇ ସମୟ ନଷ୍ଟ କରୁଛୁ କହିଲୁ? ସିଏ କ'ଣ ଆମକୁ ଟେକି କି ନେଇ ଆମ ଘରେ ଛାଡି ଆସିବ? ତାକୁ ବସିକି ଘରକଥା ଶୁଣଉଛି। ଚାଲ - ଚାଲ- (ତା ହାତ ଧରି ଭିଡିଲା)

ରଜତ୍- ଯାଅ, ଯାଅ। ମୁଁ ଯେମିତି ହେଲେ ଘରେ ପହଞ୍ଚିଯିବି।

ରୀନା - ଆଚ୍ଛା, ତୁମେ ଯେ କ୍ୱାରାଣ୍ଟାଇନ୍ ସେଣ୍ଟରରୁ ଲୁଚି ପଳେଇ ଆସିଲ, ସେମାନେ ଖୋଜି ଖୋଜି ବ୍ୟସ୍ତ ହେଉ ନଥିବେ? ତାଙ୍କୁ ଫୋନ୍ କରି ଜଣେଇ ଦେଉନ!

(ରଜତ୍ ନିଜ ମୁଣ୍ଡକୁ ଦି ଥାପଡ ମାରିଲା ଏବଂ କହିଲା)

ରଜତ୍ - ହାୟରେ ଦଇବ! ମୋ ମୁଣ୍ଡକୁ ଏଇ ସାମାନ୍ୟ କଥାଟା ପଶି ନଥିଲା କାହିଁକି? ଦେଖେ, ଫୋନ୍‌ରେ ବ୍ୟାଟେରୀ ଅଛି କି ନାହିଁ। ଘରକୁ ବି ଜଣେଇ ଦେବି ଯେ ମୁଁ ଆସୁଛି ବୋଲି।

ବୁଢା - ହେଲା ଏଥର? ଚାଲ ଯିବା -

(ରୀନାର ହାତ ଭିଡି ଟାଣିଲା)

ରୀନା - (ଟାଣି ହେଉ ଥାଏ) ଆଚ୍ଛା, ଦେଖିଲ, ଯଦି ତୁମ ଫୋନ୍‌ରେ ଚାର୍ଜ ଥିବ, ତାହେଲେ ମୁଁ ଟିକେ ଜଣକୁ ଫୋନ୍ କରିବି। ମୋ ଫୋନ୍ ତ କେବେଠୁଁ ଡେଡ୍ ହୋଇ ପଡିଛି।

ରଜତ୍ - (ଫୋନ୍ ଖୋଲି କ୍ୱାରାଣ୍ଟାଇନ୍ ସେଣ୍ଟରର ପରିଚାଳିକାଙ୍କ ଫୋନ୍ ଲଗାଇଲା। ରିଂ ହେଲା)

ହେଲୋ... ହେଲୋ... ଦିଦି, ମୁଁ ରଜତ୍ କହୁଛି।

(କିଛି ସମୟ ସେ ପଟୁ ଆସୁଥିବା କଥା ଶୁଣି ସାରି)

କ'ଣ? ମୋ ବାପା ସେଠି ପହଞ୍ଚିଛନ୍ତି? ହେ, ଭଗବାନ! ତାଙ୍କୁଇ ସ୍ୱପ୍ନ ଦେଖି ମୁଁ କକରଥନିଆ ହୋଇ ପଳେଇ ଆସିଲି। ବାପାଙ୍କର ଦେହ ଭଲ ଅଛି ତ?

(ପୁଣି କାନ ଡେରି ଶୁଣିଲେ । ଏଥର ମାଇକ୍ ଅନ୍ କରିବାରୁ ସେପଟୁ ସ୍ୱର ଭାସି ଆସିଲା)

ମାଳତୀ- ତୁମେ କେଉଁଠି ଅଛ ? ଲୋକେସନ୍ କହି ପାରିବ ?

ରଜତ୍- ଜାଗାଟା କ'ଣ ଠିକ୍‌ରେ କହି ପାରିବିନି । କିନ୍ତୁ ରାସ୍ତା କଡରେ ଗୋଟେ ବରଗଛ ତଳେ ମୁଁ ବସିଛି । ମୋ ପାଖରେ ଆଉ ଦୁଇଜଣ ପ୍ରବାସୀ ବି ଅଛନ୍ତି । ଜଣେ ଝିଅ ଓ ତାଙ୍କର ବୁଢା ବାପା । ସେମାନେ ବି ନିଜ ଘରକୁ ଫେରୁଛନ୍ତି ।

ମାଳତୀ- ସମସ୍ତେ ସେଇଠି ରୁହ । କୁଆଡେ ଯାଅନି । ମୁଁ ଗୋଟେ ସରକାରୀ ଜିପ୍‌ରେ ଜଣେ ଲୋକଙ୍କୁ ପଠଉଛୁ । ତୁମ ବାପା ବି ସେଇ ଗାଡିରେ ଯିବେ । ଗାଡି ସମସ୍ତଙ୍କୁ ଘରେ ଛାଡି ଆସିବ ।

ରଜତ୍- ହଉ ଆଜ୍ଞା । ବହୁତ ଧନ୍ୟବାଦ୍ ଦିଦି... (ଫୋନ୍ ରଖିଲା) ରୀନା, ରୁହ ରୁହ । ଏଇଠି ବସିପଡ । ଆମ କ୍ୱାରାଣ୍ଟାଇନ୍ ସେଣ୍ଟର ପରିଚାଳିକା ମାଳତୀ ଦିଦି ଗୋଟେ ଜିପ୍ ପଠାଉଛନ୍ତି, ଆମକୁ ଆମ ଘରେ ନେଇ ଛାଡି ଦେବେ ।

ବୁଢା - ବାବୁ, କହିଲନି କିଛି ଖାଇବା ପାଇଁ ଆଣିଥାଆନ୍ତେ । ଭୋକରେ, ଶୋଷରେ ତାଳୁ ଶୁଖିଗଲାଣି । ମରିଯିବି ଆଜ୍ଞା -

ରଜତ୍ - ଠିକ୍ ଅଛି, ମୁଁ ଫୋନ୍ କରି ସାଙ୍ଗେ ସାଙ୍ଗେ କହି ଦେଉଛି । ବ୍ୟସ୍ତ ହୁଅନି ।

(ତିନି ଜଣ ଗଛତଳେ ବସି ପଡିଲେ)

- ତୃତୀୟ ଦୃଶ୍ୟ -

(ଶରତ ମହାକୁଡଙ୍କ ଘର । ଗୋଟେ କାଠଚୁଲି ପାଖରେ ବସିଛି ରଜତ୍‌ର ସ୍ତ୍ରୀ ନିରୁ । ଦାଣ୍ଡ କବାଟକୁ ଆଉଜି ବସିଛନ୍ତି ରଜତର ମା ସାବିତ୍ରୀ । ଅଗଣାରେ ବଲ୍ ଧରି ଖେଳୁଛନ୍ତି ଦୁଇଟି ପୁଅ, ବୁଟୁ ଆଉ ଟୁଟୁ ଜଣେ ସାତ ବର୍ଷର, ଜଣେ ପାଞ୍ଚ ବର୍ଷର ।)

ସାବିତ୍ରୀ- (ଡାକ ପକେଇବା ସ୍ୱରରେ)

ନିରୁ.... ଏ ନିରୁ.... ରନ୍ଧା ସାଇଲୁ ? ଆଉ କେତେ ବେଳ ଯାଏଁ ରାନ୍ଧିବୁ ? ଦିନ ଦି'ଟା ବାଜିଲାଣି। ଭାତ, ଡାଲି, ତୁଅଣ ଟିକେ ନାଗି ଏତେ ଡେରି କ'ଣ କରୁଛୁ ମ ?

ନିରୁ - (ପାଖକୁ ଆସି) ରନ୍ଧା ସାରିଛି, ବୋଉ। ତୁମେ ଆସ ଗଣ୍ଡେ ଖାଇ ନେବ। କାଲି ଠୁଁ ଖାଇନ ଯେ।

ସାବିତ୍ରୀ - (ଠିଆ ହୋଇ ପଡି ଦାଣ୍ଡକୁ ଗଲେ)

ଆଲୋ, କି ନିଆଁ ଚୁଲି ପେଟ ମୋର ପୋଡି ଯାଉଛି ଯେ ଖାଇବି ? ମୋ ଛୁଆଟା କାହିଁ କେତେବାଟରୁ ଦଶଦିନ ହେଲା ଚାଲି ଚାଲି ଆସୁଛି। ତା'ର ଅବସ୍ଥା କ'ଣ ହେଇଥିବ, କିଏ ଜାଣି ? ସେ ଗଣ୍ଡେ ଦାନା ତୁଣ୍ଡରେ ନ ଦେଲା ପର୍ଯ୍ୟନ୍ତ ମୋତେ ଖାଇବା କଥା କହନା ଲୋ - କହନା। ମୋ ତଣ୍ଟିରେ ଗଳିବନି।

ନିରୁ - ସେ ତ ବାପାଙ୍କ ସାଙ୍ଗରେ ଆସୁଛନ୍ତି। ସେମାନେ ଦୁହେଁ ଧୁଆଧୋଇ ହୋଇ ଖାଇବା ବେଳକୁ କେତେ ବେଳ ହେବ, ତୁମେ ଗଣ୍ଡେ ଖାଇଦେଲେ, ଛୁଆ ଦି'ଟାଙ୍କୁ ଖୁଏଇ ଦିଅନ୍ତି।

ସାବିତ୍ରୀ- (ଉତ୍ତେଜିତ ହୋଇ)

ତୋ ଛୁଆଙ୍କୁ ତୁ ଖୋଇଦଉନୁ। ମୁଁ କ'ଣ ତାଙ୍କ ଖାଇବା ବାଟରେ କଣ୍ଟା ହେଇଛି ? (ନିଜ ଛାତିକୁ ଦି ହାତରେ ବାଡେଇ) ଛାତି ଫାଟି ଯାଉଛି ଲୋ ମୋର, ମୋ ରଜୁ କଥା ଭାବି। କେତେ ସରି ହେଲାଣି ଛୁଆଟା ମୋର ଆମ ପେଟ ପୋଷିବ ବୋଲି। ଏ ନିଆଖୁଣ୍ଟା ପେଟ ଚାଖଣ୍ଡକ ଇ ତ ବଇରି ସାଜିଛି। ଯେତେ ପୂରେଇଲେ କୁଆଡେ ଉଭେଇ ଯାଉଛି। ମୋ ଛୁଆଟାର ପେଟ ଶୁଖି ଦୁହିଁ ହେଇ ଯିବଣି। ଦହି ଚଲା ଦି ଗିଲାସ ରଖିଥା, ଆଗେ ଦବୁ। ତୋଟି ଶୁଖି ଯାଉଥବ ଲୋ -

ନିରୁ - (ନିଜ ପଣତ କାନିକୁ ପାଟିରେ ଦବେଇ ଧକେଇ କାନ୍ଦୁ କାନ୍ଦୁ) କେତେ ମନା କଲି, ଏତେ ଦୂର ଯାଅନା ଆମକୁ ଛାଡି। ଏଇଠି ଯାହା ଯେମିତି କାମ କରି ପେଟ ପୋଷିବା। ଶୁଣିଲେ କି ? ସେଥର ବିମାରୀ ପଡି ଆଇଲେ ଯେ ଡାକତରଖାନାରେ ପଡିଲେ ଦି ମାସ। ଶୁଖି କି କଣ୍ଟା। ପୁଣି ଆଇଲା ଏ ବିମାରୀ କରୁନା - ମହାପ୍ରୁଙ୍କର କି ରାଗ ହେଇଛି କେଜାଣେ -

(ଲୁହ ପୋଛୁ ଥାଏ)

ସାବିତ୍ରୀ- (ନିଜ ଲୁଗା କାନିରେ ତା ଆଖି ଲୁହ ପୋଛି, ସାକୁଲେଇଲେ) ଏଇ ଘରଖଣ୍ଡକ କରିବା ପାଇଁ ମହାଜନ ଠଉ ଲୋନ୍ କଲା ଯେ, କଲନ୍ତର ସୁଝି ପାଇଲା ନାହିଁ। ତେଣିକି ରକି ବାହାଘରକୁ ଇଏ ମରଦଟା ଜମି ଦି'ମାଣ ବିକି ପକେଇଲା। ଚାଷ କଉଠୁ କରିବ? ଲୁନ୍ ସୁଝିବା ପାଇଁ ରକତ ଶୁଖେଇ ଖଟୁଛି ଛୁଆଟା।

ନିରୁ - ମଲା, ଏଇ ଭଞ୍ଜନଗରରେ କ'ଣ କାମ ମିଳି ନଥାନ୍ତା? ଚାଷ ନହେଲେ କ'ଣ ମଜୁରୀ ଖଟି ଖାଇ ନଥାନ୍ତେ? ବାପାଙ୍କ ପେନ୍‌ସନ୍‌ରେ ତ ଚାଉଳ, ସଉଦା ଚଳୁଛି।

ସାବିତ୍ରୀ- ଛାଡ - ଛାଡ- ସେ କ'ଣ ଦାଦନ ଖଟି ଯାଇଛି ସଉକ୍ ରେ?? ଭଞ୍ଜନଗରରେ ପରା ଗୋଟେ କାରଖାନାରେ କାମ ପାଇଥିଲା। ସେ ଫାକ୍‌ଟିରୀ ମାଲିକ ଦଗାବାଜ୍। ବର୍ଷକ ଜାଗାରେ ଚାରି ମାସର ଦରମା ଦେଲା। କାହା ଦିହ ସହିବ?

ତୁ ଯା - ଯା- ଛୁଆ ଦି'ଟା ଭୋକରେ ଆଉଟୁ ପାଉଟୁ ହେବେଣି। ଦି ଗୁଣ୍ଡା ବାଢି ଦେ। ଏଇ ଘଡିକରେ ତ ଆସି ପହଞ୍ଚିବେ। (ନିରୁ ଭିତରକୁ ଚାଲିଗଲା ଡାକିଡାକି)

ନିରୁ- ରେ ବୁଟୁ, ଟୁଟୁ - ଆସ, ଆସ, ହାତଗୋଡ ଟିଓ୍ୱଲ୍ ପାଖରେ ଧୋଇ ଆସ, ଗଣ୍ଡେ ଖାଇ ନିଅ। ଆଉ ଘଡିକରେ ବା', ଜେ' ବା ଆସି ପହଞ୍ଚି ଯିବେ।

(ଏଇ ସମୟରେ ଦାଣ୍ଡରେ ଜିପ୍ ଗାଡିର ହର୍ଣ୍ଣ ଶୁଭିଲା। ଟୁଟୁ, ବୁଟୁ ଦି ଭାଇ ଦାଣ୍ଡକୁ ଧାଇଁଲେ। ଘର ଭିତରକୁ ପଶି ଆସିଲେ ଶରତ ଆଉ ରଜତ। ଦୁଇ ଜଣଙ୍କ ହାତରେ ସୁଟ୍‌କେଶ, ବ୍ୟାଗ୍.... ପଛରେ ଆସିଲେ ସାବିତ୍ରୀ, ପୁଅକୁ କୁଣ୍ଢେଇବାକୁ ଉଦ୍ୟତ)

ରଜତ୍ - ବୋଉ, ରହ, ରହ, ମୋତେ ଛୁଁ ନା ଲୋ। କେତେ ବିମାରୀ ଜାଗାରୁ ଆଇଛି ମୁଁ। ମୋ ଦେହରେ ଏଇନେ କେତେ ଧୂଳି, ମଳି, କେତେ ଜୀବାଣୁ ଭୁତାଣୁ ହିସାବ ନାହିଁ। ମୁଁ ଆଗେ ଲୁଗା ବଦଳାଇ ଗାଧୋଇ ସାରେ, ତା ପରେ ତୁମମାନଙ୍କୁ ଟିକେ ଛୁଆଁଛୁଇଁ କରିବି।

ଶରତ - ସିଧା ଟିଓ୍ୱେଲ ପାଖକୁ ପଳା ବାଡି ପଟକୁ। ସେ ଲୁଗାପଟା ସବୁ ଝୁଡିଟାରେ ପକେଇ ଦେ। ମୁଁ ବି ଯିବି, ଗାଧୋଇବି। କ୍ୱାରାଣ୍ଟାଇନ୍

ସେଣ୍ଟରକୁ ଯାଇଥିଲି ତ, ତୁମେ ସବୁ ଟିକେ ଧୈର୍ଯ୍ୟ ଧର।

ନିରୁ - (ମୁଣ୍ଡରେ ଲୁଗା ଟାଣି, ଦି ହାତରେ ଦି ଗ୍ଲାସ ଦହି ସରବତ ଧରି ଆସିଲା। ରଜତକୁ କଣେଇ ଚାହିଁ ହସିଦେଲା)

ଆଗ ଏଇ ସରବତ ଗ୍ଲାସେ ପିଇଦିଅ। ତାଳୁମୁଣ୍ଡ ଶୁଖି ଝାମ ମାରି ଯିବଣି। (ଦୁହିଁଙ୍କ ପାଇଁ ଗ୍ଲାସ୍ ଦୁଇଟି ଟେବୁଲ୍ ଉପରେ ରଖି ଦେଲା।) ପିଲା ଦୁଇଜଣ ବ୍ୟାଗ୍ ଅଣ୍ଡାଳିବାକୁ ଯିବାରୁ) ହେ - ହେ - ଟୁଟୁ - ଛୁଉଁନାରେ, ଛୁଉଁନା। ଆଗେ ଜେଜିମା ତାକୁ ସଫା କରି ଧୋଇ ଧୋଇ ରଖୁ, ସାନିଟାଇଜରରେ ପୋଛାପୋଛି କରି ସାରୁ। ତୁମେ ଦି ଜଣ ଚାଲ, ଖାଇ ଦେବ ରୋଷେଇ ଘର ବାରଣ୍ଡାରେ। ତା ପରେ ଏମାନଙ୍କ ଖିଆପିଆ କଥା ବୁଝିବି। (ଟୁଟୁ, ବୁଟୁ - ବାପା, ବାପା... ହୋଇ ରଜତ୍ ପାଖରେ ବୁଲୁଥାଆନ୍ତି।)

ରଜତ୍ - ତୁମରି ମାନଙ୍କୁ ଦେଖିବା ପାଇଁ ବାରଶହ କିଲୋମିଟର ଦୌଡି ଆସିଛି ରେ! କି କି ବିପଦ ପାର କରି ଆସିଛି ସବୁ କହିବି। ଯାଅ, ତୁମେ ଖାଇନିଅ। ମା କଥା ମାନ। ବୋଉ ଲୋ, ତୁ ତ ଖାଇ ନଥିବୁ ମୁଁ ଜାଣେ। ଏଇ ସାନିଟାଇଜର ବୋତଲରୁ ସ୍ପ୍ରେ କରି ସବୁ ଜିନିଷକୁ ପୋଛିବୁ। ଧୋଇ ହେବା ଜିନିଷତକ ଧୋଇବୁ। ସୁଟ୍‌କେଶ୍ ଟା ଓଦା ତଉଲିଆରେ ଭଲ କରି ପୋଛ। ବେଜାଏ ଧୂଳି। ମୁଁ ଆସେ। (ଶରତ ଓ ରଜତ ବାଡି ଆଡକୁ ଚାଲିଗଲେ)

ନିରୁ - ହେ ଭଗବାନ! କି ରୂପ ହେଇଛି ତାଙ୍କର! କ'ଣ କରିବି ଲୋ!!! (କାନ୍ଦିବାକୁ ଲାଗିଲା)

ସାବିତ୍ରୀ- ମହାପୁରୁଙ୍କୁ କୋଟି ଜୁହାର। ମୋ ଛୁଆଖଣ୍ଡକ ଘରେ ଆସି ପହଞ୍ଚିଲା। କୋଉ ଭରସା ଥିଲା? କେତେ ଲୋକ ବାଟରେ ଚାଲୁ ଚାଲୁ, ବସ୍‌ରୁ ଖସି ପଡି ମଲେ। ମା ତାରାତାରିଣୀ ଠେଇଁ ନଡିଆ ଯାଚିଛି। ସେଇ ମା'ର ଦୟାରେ କଙ୍କାଳ ଖଣ୍ଡକ ତ ପହଞ୍ଚିଲା। ତା କଥା ପଦେ କାନରେ ବାଜିଲା। ଯା' ଯା'- କାନ୍ଦନା- ଛୁଆମାନେ ତୋ କାନ୍ଦ ଦେଖି କାନ୍ଦିବେ। ଖାଇବା ବ୍ୟବସ୍ଥା କର ଯା', ମୁଁ ଏଗୁଡା ସଫା କରେଁ।
(ସାନିଟାଇଜର୍ ବୋତଲ, ବାଲ୍‌ଟିଏ ପାଣି, ତଉଲିଆ ଧରି ରଜତ୍‌ର ଜିନିଷ ପତ୍ର ସଫା କରିବାକୁ ଲାଗିଲେ। ଏଇ ସମୟରେ ଦାଣ୍ଡପଟୁ ପାଟି ଶୁଭିଲା ଜଣେ ପୁରୁଷ କଣ୍ଠର)

ରେ ଶରତ, ଶରତ, ଶୁଣିଲି ରଜତ ଆସି ପହଞ୍ଚିଲା, କାହିଁରେ, କୁଆଡେ ଗଲା ?

ସାବିତ୍ରୀ - ଆଲୋ ନିରୁ, ମୋ ଦେଢଶୁର ଡାକୁଛନ୍ତି ପରା ! କ'ଣ କରିବି ଲୋ ? (ଦାଣ୍ଡକୁ ଗଲେ, ମୁଣ୍ଡରେ ଲମ୍ବ ଓଢଣୀ ଟାଣି) ବାପ, ପୁଅ ଦୁହେଁ ଗାଧୋଇ ଯାଇଛନ୍ତି ପରା - ଆଉ ଘଡିଏ ଛାଡି ଆସୁନ୍ତୁ । ଖାଇ ପିଇ ଦମ୍ ନେଲେ କଥା ଭାଷା ହେବେ ।

ଦଦେଇ -କଥା କ'ଣ କି ବୋହୂ - ରଜତ କୁଆଡେ ସେଣ୍ଟରରେ ଥିଲା । ଲୁଚିକି ପଳେଇ ଆଇଛି । ତା'ର ତ ଚଉଦ ଦିନ ସଙ୍ଗରୋଧ ସରିନି । ଏବେ ସରକାରଙ୍କ ନିୟମରେ ତାକୁ ଗାଁରେ ପଶେଇବା କଥା ନୁହେଁ । କେତେ କେତେ ଲୋକଙ୍କ ସାଙ୍ଗରେ ମିଶି, କେତେ ଦୂରରୁ ଆସିଛି । ତା ଦେହରେ କରୋନା ଅଛି କି ନାହିଁ କେମିତି ଜାଣିବା ?

ସାବିତ୍ରୀ- ମଲା, ସେଣ୍ଟରରେ ପରା ସବୁଦିନ ପରୀକ୍ଷା ହଉଥେଲା । ତା'ର ତ ଜର ନୁଆର ନାହିଁ । ଛୁଆଟା ବାରଶହ ମାଇଲ ଧାଇଁ କି ଆଇଲାଣି । କ'ଣ କହୁଛ, ତାକୁ ଘରୁ ବାହାର କରିଦବୁଁ ?

ଦଦେଇ- ନା, ନା, ବାହାର କରିବା କଥା କଉନାହିଁ । ମୁଁ ଗାଁର ମୁଖିଆ । ମୋର ତ ପୁଣି ଗାଁ ଲୋକଙ୍କ ପାଇଁ ଗୁଟେ ଦାୟିତ୍ୱ ଅଛି । ଖାଇ ପିଇ ସାରିଲେ ବାପ ପୁଅ ଦୁହିଁଙ୍କୁ ଆମ ଦାଣ୍ଡପିଣ୍ଡାକୁ ପଠେଇବ । କଥା ଅଛି ।

ସାବିତ୍ରି- (ରାଗି ଯାଇ) କାହିଁକି ବା ? ଚାଲି ଚାଲି ଗୋଡ ଯାକ ଫୋଟକା, ଘା, ଆଉରି ଯିବେ ତୁମ ଦାଣ୍ଡକୁ - କ'ଣ ପାପ କରିସେନ୍ତି କି ?

ଦଦେଇ- ତୁମେ ମାଇପି ଲୋକ, ସହଜେ କଥାଟା ବୁଝିବ ନାହିଁ । ବୁଦ୍ଧି କମ୍‌କୁ - ଲୁହଗୁଡା ଅଧିକ । ତମକୁ କହି କି ଲାଭ ? କହିଦବ - ତମ ଘରକୁ ବାଛନ୍ଦ କରାଗଲା । ତୁମ ଘରୁ କେହି ପନ୍ଦରଦିନ ଗାଁ ଭିତରକୁ ଯାଇ ପାରିବ ନାହିଁ । ସଙ୍ଗରୋଧରେ ରହିବ ସମସ୍ତେ । କୂଅ ମୂଳକୁ ବି ଯିବନି । ବୁଝିଲ ?

ସାବିତ୍ରୀ- ହ ମ, ସବୁ ବୁଝିଲି । ଏବେ ଯାଆ ଦରକାର ନାହିଁ ଆମର ତମ ସାଙ୍ଗ ହବା
(ଧଡକିନା କବାଟ ବନ୍ଦ କରି ଘର ଭିତରକୁ ପଳେଇ ଆସିଲା)

- ଚତୁର୍ଥ ଦୃଶ୍ୟ -

(ଦାଣ୍ଡ ଘର ଖଟ ଉପରେ ଶୋଇଛନ୍ତି ଶରତ ମହାକୁଡ। ଦେହରେ ଜ୍ୱର। ଘୋଡି ହୋଇଛନ୍ତି ମୋଟା କମ୍ବଳ। ମୁଣ୍ଡ ପାଖ ଷ୍ଟୁଲ୍ ଉପରେ ନାନା ଔଷଧ, ଥର୍ମୋମିଟର, ପାଣି ବୋତଲ, ଗୋଟେ ଥାଳି, ଗିନା, ଗ୍ଲାସ ଥୁଆ ହୋଇଛି। ଭିତରକୁ ଯିବା ପାଇଁ ଗୋଟେ ଦ୍ୱାର ଓ ଦାଣ୍ଡ ଆଡକୁ ଆଏ ଗୋଟେ ଦ୍ୱାର। ବୁଢା ଯନ୍ତ୍ରଣାରେ ଉଁ ଉଁ ହେଉଛନ୍ତି। ପଶି ଆସିଲେ ପତ୍ନୀ ସାବିତ୍ରୀ, ତାଙ୍କ ଦେହରେ ଚଦର, ମୁହଁରେ ମାସ୍କ)

ସାବିତ୍ରୀ- (ମୁଣ୍ଡରେ ହାତ ମାରି ଜରର କୋପ ଦେଖି ଚକମି ପଡିଲେ) ରେ ରଜୁ, ରଜୁରେ!!! ଧାଇଁ ଆ!! (ହୁଡି ପକେଇବା ସ୍ୱରରେ) ରେ ଧାଇଁ ଆସରେ, ଟୁଟୁ, ବୁଟୁ। ଲୋ ନିରୁ! କୁଆଡେ ରହିଲୁ ବା! (ରଜତ ପଶି ଆସିଲେ। ତାଙ୍କ ହାତରେ ଗୋଟେ ଅକ୍ସିମିଟର। ଦେହରେ ଘୋଡେଇ ହୋଇଛନ୍ତି ଚାଦର। ମୁହଁରେ ମାସ୍କ।)

ରଜତ- (ଅକ୍ସିମିଟରରେ ବାପାଙ୍କର ଅକ୍ସିଜେନ୍ ଲେଭଲ ମାପିବା ବେଳେ ଶରତ କାଶୁଥାନ୍ତି)
(ଡରିବା ସ୍ୱରରେ) ବୋଉ, କାହିଁକି ବାପାଙ୍କୁ ସେଆଡେ ଛାଡୁଥିଲୁ, କହିଲୁ? ଟିକେ ଅଟକେଇ ପାରିଲୁନି? ଯେତେ ହେଲେ ବୟସ୍କ ଲୋକ। ତା ଛଡା ପନ୍ଦର ଷୋଳ ବର୍ଷ ହେଲାଣି ଡାଇବେଟିସ୍ ରୋଗ ଭୋଗୁଛନ୍ତି। କେତେ ଲୋକ ଥିଲେ ସେ ଜାଗାରେ ଜାଣିଛୁ?

ସାବିତ୍ରୀ- (କାନ୍ଦ କାନ୍ଦ ସ୍ୱରରେ)
କ'ଣ କହୁଛୁ ରଜୁ? ତାଙ୍କୁ କ'ଣ କରୁନା ଧରି ପକେଇଲା?

ରଜତ- ଅମ୍ଳଜାନ ସ୍ତର କମି ଆସିଲାଣି ୮୨କୁ। ଶୀଘ୍ର ଯେଉଁଠିକି ହେଲେ ନେବାକୁ ପଡିବ। ମୁଁ ସରପଞ୍ଚଙ୍କୁ ଫୋନ୍ କରୁଛି। ତୁ ଟିକେ ବାପାଙ୍କୁ ଲେମ୍ବୁ ପାଣି ସରବତ ଦେଇ ଦେ।

ସାବିତ୍ରୀ- ମୁଁ ଭାବିଲି, ଖରାତରାରେ ବୁଲି ବୁଲି ଆସି ଦହିଚଲା ଗିଲାସେ ପିଇ ଦେଇଥିଲେ, ସେ ଯୋଗୁ ଥଣ୍ଡା ଧରି ପକେଇଛି। ହେ ଭଗବାନ - କାହିଁକି ଏ କାମ କଲି? ରଜୁ, ରଜୁ, ରଜୁ.... ଡାକି ଡାକି କାନ୍ଦିଲି। ମୋ କାନ୍ଦ ସହି ନପାରି ପଳେଇଲେ ତୋତେ ଦେଖିବାକୁ।
(ରଜତ ଫୋନ୍‌ରେ କଥା ହେଉଥାନ୍ତି, ଗୋଟେ କଣରେ)

ଶରତ- (ଆଖି ଖୋଲି) ପାଣି ମୁନ୍ଦେ ଦେଲ, ତଣ୍ଟିଟା ଅଠା ଅଠା ଲାଗୁଛି। ସତେକି ତଣ୍ଟି ପାଖରେ କ'ଣ ଅଟକି ଯାଇଛି। ହେ ରଜୁ ବୋଉ, ଆଉ ବଞ୍ଚିବି ନାହିଁ। ମୋତେ କୁଆଡେ ପଠାଅନି - ମୁଁ ଏଇଠି ତମମାନଙ୍କ ମେଳରେ ଯିବି।

ସାବିତ୍ରୀ- (ତାଙ୍କ ମୁହଁକୁ ଚାପିଧରି)

ସେ ଅଲକ୍ଷଣା କଥାଗୁଡା କାହିଁକି କହୁଛ ହେ!

ମୋତେ ତୁମ ରୋଗ ଦେଇ ଦେଇ ତୁମେ ଝାଡିଝୁଡି ବସ। ହେ ମା ତାରାତାରିଣୀ! (କାନ୍ଦି କାନ୍ଦି)

ମୋ ପୁଅକୁ ରଖିଲୁ। ତାକୁ ଏ ଆଖିରେ ଦେଖିଲି, ଏବେ ତା ବାପକୁ ରଖ - ମା, ନହେଲେ ମୋ ସଂସାର ଭାସିଯିବ ମା। କେତେ ଘିଅ ଦୀପ ଜାଳିଛି, କେତେ ନଡିଆ ବାଡେଇଛି ମା ତୋ ପୀଠରେ। ରଖିଲେ ରଖିବୁ ତୁଇ, ମାରିଲେ ମାରିବୁ ତୁଇ।

(ଷ୍ଟେଜ୍‌କୁ ଦୁଇ ଭାଗରେ ବିଭକ୍ତ କରାଯାଇଥାଏ। ଆର ଭାଗରେ ଗୋଟେ ଚୁଲି ପାଖରେ ବସିଥାଏ ନିରୁ, ପାଖରେ ଦୁଇ ପୁଅ ବୁଟୁ, ଟୁଟୁ)

ନିରୁ - (ଚୁପ୍ ଚୁପ୍)

ତୁମେ ଦି'ଜଣ ସେ ପଟକୁ ଜେଜ ବା' ପାଖକୁ ଜମା ଯିବ ନି। ବାପା ତାଙ୍କୁ ଡାକ୍ତରଖାନା ନେଲା ପରେ ସେ ଘର, ଖଟ, ବିଛଣା ସବୁ ଧୁଆଧୋଇ କରିବି। ତୋ ବାପା ପରା କହିଛନ୍ତି, ଏ କରୁନା ଜୀବାଣୁ ପବନରେ ମାଡି ଯାଉଚି। ନାକ, ପାଟି ଦେଇ ଛାତିରେ ଘର କରୁଛି।

ବୁଟୁ - (ମା' ସହ ଚୁଲିର ଜାଳକୁ ଖୁଣ୍ଟୁଥାଏ)

ମା', ମୁଁ ତ ଟି.ଭି.ରେ ଦେଖିଥିଲି, ଜଣେ ଡାକ୍ତର କହୁଥିଲେ ସଙ୍ଗରୋଧରେ ରହି ଚିକିତ୍ସା କଲେ କରୋନା ରୋଗ ଭଲ ହୋଇଯାଉଛି। ତୁ ଏତେ ଡରୁଛୁ କ'ଣ ଯେ?

ନିରୁ - (ତା ପାଟିରେ ହାତ ଦେଇ)

ଚୁପ୍, ଚୁପ୍, ବଡ ପାଟିରେ ଏ ସବୁ କଥା କହନା। ଜେଜେ ଆଉ ଜେଜୀ ଶୁଣିଲେ କ'ଣ ଭାବିବେ ଯେ?

ବୁଟୁ - (ତା ମା' ମୁହଁରେ ମାସ୍କ ପିନ୍ଧେଇ ଦେଇ)

ଡାକ୍ତରମାନେ କହୁଛନ୍ତି ଏଇଟା (ମାସ୍କ କୁ ଦେଖେଇ) ଆମର କରୋନା ବିରୁଦ୍ଧରେ ପ୍ରଧାନ ଅସ୍ତ୍ର। କରୋନା ଭୂତ ଏ ମାସ୍କ ଭିତରକୁ ପଶି ପାରିବନି।

ଜେଜୀକୁ କହିବି ଜେଜେ ପାଇଁ କାଢା ବନେଇବ। ଆମେ ସମସ୍ତେ ପିଇବା।

ରଜତ - (ଭିତର ଘରକୁ ପଶି ଅସି)
ଆରେ ବାଃ! ଆମ ବୁଟୁ ତ ବହୁତ କଥା ଜାଣିଲାଣି। ସେ ତ ଅସଲ କଥାଟା ତୁମକୁ ଶିଖାଇ ଦେଲା। ମୁହଁରେ ସବୁବେଳେ ମାସ୍କ ଲଗାଅ। ମୁଁ ଏନ୍-୯୫ ମାସ୍କ ବି ଅନ୍‌ଲାଇନ୍‌ରେ ମଗାଇଛି। ସେଟା ସବୁଠୁ ନିରାପଦ। ଦେଖିବ ଆମର କାହାରି କିଛି ହେବନି।

ନିରୁ - (ଡରି ଡରି) ମୋତେ ତ କେମିତି କେମିତି ଲାଗୁଛି। ସିଏ ବୁଢା ବୁଢୀ ଦି'ଟାକୁ, ଇଏ ଛୋଟଛୁଆ ଦି'ଟା, କ'ଣ କରିବା ହେ? ସେ କରୋନା ସେଣ୍ଟରକୁ ଖବର ଦେଲନି - ତାଙ୍କୁ ନେଇଯାଇ ଥାଆନ୍ତେ।

ରଜତ୍ - (ନିଜ ମୋବାଇଲ୍‌ରେ ୟୁ-ଟ୍ୟୁବ୍ ଲଗାଇ ନିରୁ ହାତକୁ ବଢାଇଲେ)
ହଇହେ, ମୋଟେ ଡରନା। ମୁଁ ଏତେ ଦୂରରୁ ଏତେ ଲୋକଙ୍କ ମେଳରେ, ଭିଡରେ ଆସି ଘରେ ପହଞ୍ଚିଗଲି। ସେଇ ମା'ର ଆଶୀର୍ବାଦରୁ, ନା ଖାଲିଟା? ହଁ, ହଁ ଏଇ ଯେଉଁ ଭିଡିଓଟା ଦେଖଉଛି, ଦେଖ। ସେଇ ଅନୁଯାୟୀ କାଢା ତିଆରି କରିବ।

ଟୁଟୁ - (ମା' କୁ ତେରି ହେଇ ୟୁ-ଟ୍ୟୁବ୍ ଭିଡିଓ ଦେଖୁ ଦେଖୁ)
ବାପା, କାଲି ସଞ୍ଜରେ ଟି.ଭି.ରେ ସେ ପାତାଞ୍ଜଳୀ ବାବା ପରା କହୁଥିଲେ ଏଇ କାଢା ପିଇଲେ ସବୁ ରୋଗ ଛାଡିଯିବ।

ବୁଟୁ - ହଁ, ହଁ, ବାବା ମା - ରାମାଦେବ ବାବା କହୁଥିଲେ ହଳଦୀ ମିଶା ଦୁଧ ଗିଲାସେ ପିଇଲେ କାଳେ ସବୁ ବଥା, ବିନ୍ଧା ଛାଡିଯିବ।

ରଜତ - ଠିକ୍ ଶୁଣିଛୁ। ହେଲେ ଖାଲି ବାବାଙ୍କ କଥା ନୁହେଁ। ଆମେ ଡାକ୍ତରମାନଙ୍କ କଥା ଶୁଣିବା। ବୈଜ୍ଞାନିକମାନେ ବି ତ ଠିକ୍ ଠିକ୍ କିଛି କହି ପାରୁନାହାନ୍ତି। ଗବେଷଣା ଚାଲିଛି - ଟୀକା ଆସିଲେ ଯାଇ ରକ୍ଷା ପାଇବ ଏ ମଣିଷ ଜାତି।

ନିରୁ - (ଟୁଟୁ, ବୁଟୁଙ୍କୁ ନିଜ ପଣତ କାନିରେ ଘୋଡେଇ ରଖି)
ହେ ପ୍ରଭୁ, ମୋ ଛୁଆ ଦି'ଟାଙ୍କୁ ସେ କରୋନା ରାକ୍ଷସୀ କବଳରୁ ରକ୍ଷା କର। ମୋତେ କୁହ କାଢାରେ କ'ଣ ପକେଇବି?

ରଜତ - ସେ ଭିଡିଓରେ ଦେଖଉଛି ପରା। ସେଇଠୁ ଦେଖ। ଯଦି କିଛି ଜିନିଷ ଅଭାବ ଅଛି କୁହ। ମୁଁ ଚାରି ପ୍ୟାକେଟ୍ କ୍ଷୀର ମଗେଇଛି। କଞ୍ଚା ହଳଦୀ ମେଞ୍ଚେ ବାଟି ରଖ। ସମସ୍ତେ ହଳଦୀ ମିଶା କ୍ଷୀର ପିଇବା। ବୁଝିଲ?

ନିରୁ - ବାପାଙ୍କୁ ସେଣ୍ଟର ପଠେଇବା ବ୍ୟବସ୍ଥା କଲେ ହୁଅନ୍ତା ନି? ଏଠି ମୋ ଛୁଆ ଦି'ଟା - ଯଦି -

ରଜତ୍ - (ଆଖି କାଢି) ଚୁପ୍ ଚୁପ୍। ଖାଲି ନିଜ ଛୁଆଙ୍କ କଥା ଚିନ୍ତା। ବାପାଙ୍କ କଥା କି ମା' କଥା ତ ଟିକେ ଭାବୁନ? ସେ ସେଣ୍ଟର କଥା କୁହନା। ଘରେ ସ୍‌ଗରୋଧରେ ରହି ଚିକିତ୍ସା କଲେ ସବୁ ଠିକ୍ ହେବ। ତୁମେ ତିନିହେଁ ମାସ୍କ ପିନ୍ଧି ରୁହ। ମାଳତୀ ଦିଦି ଆସୁଥିବେ। ଅକ୍ସିଜେନ୍ ସିଲିଣ୍ଡର ପାଇଁ ଖବର ପଠେଇଥିଲି। (ଚାଲିଗଲେ)।

- ପଞ୍ଚମ ଦୃଶ୍ୟ -

(ଶରତ ମହାକୁଡଙ୍କ ଘର। ଶରତଙ୍କ ବେଡ୍ ପାଖରେ ଠିଆ ହୋଇଛନ୍ତି ସରପଞ୍ଚ ମାଳତୀ ଦେବୀ ଓ ଜଣେ ପୁରୁଷ କର୍ମଚାରୀ। ଶରତଙ୍କ ମୁହଁରେ ଅକ୍ସିଜେନ୍ ସିଲିଣ୍ଡର ଲଗାଯାଉଛି)

ମାଳତୀ- (ସାବିତ୍ରୀ ହାତକୁ କିଛି ମାସ୍କ ଆଉ ଗୋଟେ ସାନିଟାଇଜର୍ ବୋତଲ ବଢେଇ ଦେଇ)

ମାଉସୀ, ଡର ନାହିଁ, ସବୁବେଳେ ମୁହଁରେ ନାକ, ପାଟି ଘୋଡେଇ ମାସ୍କ ପିନ୍ଧିବ। ଯେତେବେଳେ ବି ମଉସାଙ୍କୁ ଖାଆଇବ କି ଦେହରେ ହାତ ଦେବ, ନିଜ ହାତ ସାନିଟାଇଜର୍‌ରେ ପୋଛିବ। ସବୁ ଜିନିଷ, ଲୁଗାପଟା ବାସନକୁସନ ସାନିଟାଇଜର୍‌ରେ ପୋଛିବ।

ସାବିତ୍ରୀ - (ଶରତଙ୍କ ପାଦ ଆଉଁସୁ ଥାଆନ୍ତି। ମୁହଁରେ ମାସ୍କ ଥାଏ)

ଏ ଯନ୍ତ୍ରଟା କେତେବେଳ ଯାଏ ଚାଲିବ ଆଜ୍ଞା? କେମିତି ଖାଇବେ?

ମାଳତୀ -ଟିକେ ଧୈର୍ଯ୍ୟଧର ମାଉସୀ। ମୁଁ ଯେଉଁ ସବୁ ଔଷଧ ଦେଇ ଯାଉଛି ସମୟ ଅନୁଯାୟୀ ତାଙ୍କୁ ଖାଇବାକୁ ଦେବ। ରଜତଙ୍କୁ ସବୁ ବୁଝାଇ ଦେଇଛି। ଅକ୍ସିଜେନ୍ ଚାଲିବ ଯେ ପର୍ଯ୍ୟନ୍ତ ତାଙ୍କର ଅକ୍ସିଜେନ୍ ଲେବଲ୍ ନରମାଲ୍ ମାନେ ୯୪/୯୫ ନହେଇଛି। ଡରିବାର କିଛି ନାହିଁ।

ସାବିତ୍ରୀ- (ଡରି-ମାଳତୀଙ୍କ ହାତ ଧରି)

ତାଙ୍କୁ ସେଣ୍ଟରକୁ ଯିବା କଥା କହିବନି। ହେଲେ ଆମ ଗାଁ ଲୋକେ କ'ଣ କହିବେ କେଜାଣି? ରଜତର ଦଦେଇ ପରା ମୁଖିଆ ହେଇଛନ୍ତି ଯେ ଶୁଣିବା

କ୍ଷଣି ଧାଇଁ ଆସି କହିଲେ ତାଙ୍କୁ ସେଣ୍ଟରକୁ ପଠେଇ ଦେବା ପାଇଁ।

ମାଳତୀ- ନାଁ, ନାଁ, ମୁଁ ଗାଁରେ ଗୋଟେ ମିଟିଂ ଡାକିଛି। ବି.ଡି.ଓ. ଆଉ ଗ୍ରାମସେବକ ବି ଆସିବେ। ସେମାନେ ଲୋକଙ୍କୁ ଠିକ୍ ବୁଝାଇଦେବେ। ସେଣ୍ଟର କରାଯାଇଚି ଯେଉଁମାନେ ପ୍ରବାସରୁ ଫେରୁଛନ୍ତି ସେମାନଙ୍କ ପାଇଁ। ଗାଁ ଲୋକେ ନିଜ ଘରେ ସଙ୍ଗରୋଧରେ ରହି ଭଲ ହେବେ।

ସାବିତ୍ରୀ- ଆମ ଦେଢଶୁର ପରା ରଜତକୁ ନାନା କଥା ବକିଗଲେ। ସେଣ୍ଟର ଛାଡି ପଳେଇ ଆସିଲା ବୋଲି - ତାକୁ ଅଲଗା ରଖିବାକୁ ଜିଦ୍ ଧରିଥିଲେ। ଛୁଆଟା ମୋର - କେତେ ଦୂରରୁ ଚାଲି, ଘୋସାରି ହୋଇ ଆସିଛି। ତାକୁ କେମିତି ଅଲଗା ରଖିବି କହିଲ ? ଦିଦି।

(ଭିତରକୁ ପଶିଆସିଲେ ରଜତ)

ମାଳତୀ- (ରଜତଙ୍କୁ ଦୂରରେ ରହିବା ପାଇଁ ହାତ ଠାରି କହିଲେ)

ଜାଣିଛ ରଜତ, ତୁମେ ସେଣ୍ଟର ଛାଡି ପଳେଇ ଆସିବା କଥା ପ୍ରଚାର ହେଇଗଲା। ବି.ଡି.ଓ ମୋ ଉପରେ ଯାହା ବିଗିଡିଲେ, କୁହନା, କୁହନା। ଖାଲି ଅନାଦି ବାଗେଇ ବନେଇ କଥା କହି ଆମକୁ ବଞ୍ଚେଇଲା।

ରଜତ- ମୁଁ ସତରେ ବଡ ଦୁଃଖିତ। ସମସ୍ତଙ୍କୁ ଅଡୁଆରେ ପକେଇ ଦେଲି। ଆପଣ ଜିପ୍‌ଟା ପଠେଇ ନଥିଲେ ଘରେ ପହଞ୍ଚି ପାରିଥାଆନ୍ତି କି ନାହିଁ କେଜାଣି। ଭୋକ ଶୋଷରେ ପ୍ରାଣ ଯାଇଥାନ୍ତା -

ମାଳତୀ- ଜାଣିଛ, ରୀନାର ବାପା ଘରେ ପହଞ୍ଚିଲା ସତ - ହେଲେ ଘରେ ପହଞ୍ଚି ଟଳି ପଡିଲା। ରୋଗ ନୁହେଁ ବା ଭୋକ, ଶୋଷ -

ରଜତ- (ବ୍ୟସ୍ତ ହୋଇ) ଆଁ ? ବୁଢା ଟଳି ପଡିଲେ ? ଭୋକରେ ମୋ ମୁଣ୍ଡତଳୁ ବ୍ୟାଗ୍ ଟାଣି ଖାଦ୍ୟ ଅଣ୍ଡାଳୁଥିଲେ। ବଡ ଆଉଟୁପାଉଟୁ ହେଇ ଯାଇଥିଲା ତାଙ୍କ ପ୍ରାଣ। ହେଲେ ରୀନା କେମିତି କ'ଣ ସମ୍ଭାଳିଲା ? ସାହାଯ୍ୟ କଲେ କି ଗାଁ ଲୋକେ ?

ମାଳତୀ- ଛି, ଛି - ଗାଁ ଲୋକଗୁଡା ତ ସହଜେ ମୂର୍ଖ। ତା'ପରେ ଏ ରୋଗ ଡରରେ ମଣିଷ ପଣିଆ ବି ଛାଡି ଗଲାଣି। ସୁରତରୁ ଫେରିଛନ୍ତି ବୋଲି କରୋନା ରୋଗୀ ହୋଇଥିବେ। କେହି ଜଣେ ବି ତା ପାଖକୁ ଗେଲେନି ଶବ ଉଠାଇବାକୁ।

ସାବିତ୍ରୀ- (ଦୁଃଖରେ ଆଖିରୁ ଲୁହ ପୋଛି) ଏକୁଟିଆ ଝିଅ ପିଲାଟା- ବାପ ମରିଗଲା - କେମିତି କ'ଣ ଶୁଦ୍ଧିକ୍ରିୟା କରିବ ସିଏ ?

ମାଳତୀ- ରୀନା ବଡ ସାହସୀ ଝିଅ ମାଉସୀ। ମୋ ପାଖକୁ ଫୋନ୍ କଲା। ସରକାରଙ୍କ ତରଫରୁ ଆମେ ଗୋଟେ ସ୍ୱେଚ୍ଛାସେବୀ ସଂଗଠନ ଗଢିଛୁ ଏଇ ସବୁ କ୍ଷେତ୍ରରେ ଶବଦାହ କରିବା ପାଇଁ। ତା ନାଁ "ମହାଯାତ୍ରା"। ସେଥିରେ ହିନ୍ଦୁ, ମୁସଲମାନ୍, ଖ୍ରୀଷ୍ଟିୟାନ୍, ସବୁ ଧର୍ମର ସ୍ୱେଚ୍ଛାସେବୀ ଅଛନ୍ତି। ସେମାନଙ୍କୁ ସରକାର ତରଫରୁ ପି.ପି.ଇ. କିଟ୍ ଆଉ ସବୁ ସାଜ ସରଞ୍ଜାମ ଯୋଗାଇ ଦିଆଯାଇଛି. ସେଇଥିରୁ କେତେଜଣଙ୍କୁ ପଠେଇଲି। ରୀନା ନିଜେ ମୁଖାଗ୍ନି ଦେଲା ପରା।

ରଜତ- ଧନ୍ୟ, ଧନ୍ୟ। ସରକାର କି ସାହାଯ୍ୟ ନ କରୁଛନ୍ତି ଲୋକଙ୍କୁ କହିଲ ଦିଦି! ରୀନା ଭଲ ଅଛି ତ?

ମାଳତୀ- ହଁ, ଭଲ ଆଉ କ'ଣ? ଆଚ୍ଛା, ଆମେ ଆସୁଛୁ। ମଉସାଙ୍କୁ ଔଷଧ ଠିକ୍ ଠିକ୍ ଦେବେ। କାଢା ଦିନକୁ ଚାରିଥର ପିଆଇବାକୁ ଭୁଲିବେନି। ଅକ୍ସିମିଟରରେ ସବୁବେଳେ ମାପୁଥିବେ। ଅସୁବିଧା ହେଲେ ଖବର ଦେବେ। (ପ୍ରସ୍ଥାନ)

■

- ଷଷ୍ଠ ଦୃଶ୍ୟ -

(ଶରତ ମହାକୁଡଙ୍କ ଘର। ପନ୍ଦରଦିନ ବିତି ଯାଇଛି। ଶରତ ବାବୁ ସୁସ୍ଥ ହୋଇ ଯାଇଛନ୍ତି। ପଶି ଆସିଲେ ଗାଁର ମୁଖିଆ ଦେଦେଇ, ମୁହଁରେ ମାସ୍କ ନାହିଁ)

ଦଦେଇ- (ସାବିତ୍ରୀ ଓଢଣାଟାଣି ଦ୍ୱାର ମୁହଁରେ ଛିଡା ହୋଇଥିବାର ଦେଖି) ବାଟ ଛାଡ ବୋହୂ, ମୁଁ ଟିକେ ଶରତକୁ ଦେଖି ଆସେ। ଗାଁ ମାଇପେ ବଡ ଗପ କରୁଛନ୍ତି ତୁମ କାଢାକୁ ନେଇ। କ'ଣ ତୁମେ କୁଆଡେ କାଢା ପିଆଇ ପିଆଇ ଶରତ ଦେହରୁ କରୁନା ଭୂତକୁ ଭଗେଇ ଦେଲ।

ସାବିତ୍ରୀ- (ଓଢଣା ଆଉ ଟିକେ ଟାଣି ଦେଇ) ମଲା, ତେମେ ଆପଣେ ତ କହିଲ ସଙ୍ଗରୋଧରେ ରହିବ ପନ୍ଦର ଦିନ। ଆମେ ତୋ ରହିଲୁ। ଦାଣ୍ଡକୁ ବାହାରିନୁ କି କୂଅ, ପୋଖରୀ ପାଖକୁ ଯାଇନୁ। ବାଡି ପାଖ ଟିଓଲ ଆଉ ଘଣ୍ଟିଆ ପାଇଖାନାରେ ଚଳିଲୁ। ଏବକୁ ମୁହଁରେ ତୁଣ୍ଡୀ ନ ବାନ୍ଧି ଆପଣେ କିଆଁ ଏ ଆଡେ ଆଇଲେ?

ଦଦେଇ -(ଖଣ୍ଟି କାଶ ମାରି) ହଇରେ ଦଇବ ! ଏ ମାଇକିନାଗୁଡାକୁ କ'ଣ ବୁଝେଇବ ହେ ? ତୁମେ ବାଟ ଛାଡିଲ

ସାବିତ୍ରୀ- (ଗୋଟେ ମାସ୍କ ବଢେଇ ଦେଲେ ତାଙ୍କ ହାତକୁ। ପିଣ୍ଡାରେ ଥୁଆ ସାନିଟାଇଜର୍ ବୋତଲରୁ ତାଙ୍କ ହାତରେ ସ୍ପ୍ରେ କରିଦେଲେ)

ହଁ, ହଁ, ଆମେ ମାଇକିନିଆ ତକ ତ ଉଦା ମୂରୁଖ ଆଉ ତେମେ ମରଦମାନେ ସବୁ ପଣ୍ଡିତ। ମାଳତୀ ଦିଦି ସରପଞ୍ଚ ଆସି ସବୁ ଚିକିତ୍ସା ବତେଇ ଦେଇଗଲେ ଆଉ ଯେତକ ଔଷଧ ଦେଇଗଲେ ବୋଲି ତାଙ୍କ ଦିହ ଭଲ ହେଲା। କ'ଣ ନା - ମାଇକିନିଆ - ହେ -

ଦଦେଇ- (ମୁହଁ ଛିଞ୍ଚାଡି) ମଲା, ଭାରି ଗୋଟେ ଡାକ୍ତର ତ ସେ ମାଳତୀ ଦିଦି !! ହେଃ - (ଥଟ୍ଟା କରି) ସରକାର ମହାପ୍ରୁ ସବୁ ଯୋଗେଇ ଦେଉଛନ୍ତି ଇଏ ଖାଲି ଆଣି ବାଣ୍ଟିବା କଥା -

(ପଶିଗଲେ ଘର ଭିତରକୁ ଯେଉଁଠି ଶରତ ବାବୁ ଓ ରଜତ ଏକାଠି ଗୋଟେ ଖଟ ଉପରେ ବସି ଚା ପିଉଥିଲେ।)

ରଜତ- ଓଳିକି, ଦଦେଇ ! (କହି ମୁଣ୍ଡିଆ ମାଇଲେ)

ଶରତ - କିହୋ ଭାଇନା, ଏ କରୋନା ଭୂତକୁ ନଡରି ଆମ ଘର ଭିତରକୁ କିମିତି ହେଣ୍ଟି ଆଇଲ ବା ?

ଦଦେଇ- (ଦୂରରେ ଛିଡା ହୋଇ)

କଥା କ'ଣ କି - ତୋ ବଡମା ଉଠେଇ ବସେଇ ଦେଲାନି। ଯାଇ ଶରତକୁ ଦେଖି ଆସ। କି କାଢା ପିଏଇ ସାବି ତାକୁ ଭଲ କଲା, ବୁଝି ଆସ। ଆମର ବି ସେଇଆ କରି ପିଇବା। ମାଇକିନା ଲୋକ- ମୂରୁଖ ଯାହା ବୁଝିଲେ। କିହୋ, କୋଉ କାଢାରେ ଏ କରୋନା ଭୂତ ପଳେଇବ ?

ରଜତ- ନାଇଁ ଦଦେଇ ! କରୋନା ଭୂତାଣୁ କାଢାକୁ ଡରି ପଳେଇବନି ସତ, ମାତ୍ର ଏ କାଢା ପିଇଲେ ଦେହରେ ଏମିତି ଶକ୍ତି ବଢିବ, ସେ କରୋନା ଭୂତକୁ ଫାଇଟିଂ କରି ମାତ୍ ଦେଇଦେବ ପରା।

ଦଦେଇ- ସତ କିରେ ଶରତ ? ତୁ କେତେ ଦିନ କି କାଢା ପିଇଲୁ ବା ?

ଶରତ- (ଗୋଟେ ବୋତଲରେ ଥିବା କାଢା ଦେଖେଇ)

ହଁ ଭାଇନା, ଏଇ ବୋତଲରେ ଡେଲି ଦି ବୋତଲ କାଢା ପିଇଲି। ହେଲେ ମାଳତୀ ଦିଦି ଯେଉଁ ଔଷଧ ଦେଇ ଯାଇଥିଲେ, ତାକୁ ରଜୁଠିକ୍ ଠିକ୍ ଦେବାରୁ ଜର ଛାଡିଗଲା ନା। ଖାଲି କ'ଣ କାଢା ରେ ???

ଦଦେଇ- ସେଇ କଥା ତ ! ଏ ମାଇକିନା ଦଳ ବୁଝିଛନ୍ତି କ'ଣ ନା କାଢ଼ା (ସାବିତ୍ରୀ ଭିତରକୁ ପଶି ଆସିଲେ)

ସାବିତ୍ରୀ- ରାଧି ନାନୀକୁ କହିବେ - ବୋତଲେ ପାଣିରେ ଖଣ୍ଡେ ଅଦା ଛେଚା, କଳା ତୁଳସୀ ପତ୍ର ପନ୍ଦରଟି, ତେଜପତ୍ର ପାଞ୍ଚଟି, ଲବଙ୍ଗ ପାଞ୍ଚଟି, ଡାଲଚିନ୍ ଖଣ୍ଡେ, ସୁଣ୍ଠି, ପିପ୍‌ଳୀ, ଜୁଆଣୀ ଅଧଚାମଚେ ଲେଖା ପକେଇ ଅଧଘଣ୍ଟା ଫୁଟେଇବ। ପାଣି ଫୁଟି ଫୁଟି ଅଧା ହେଲେ ଛାଣି ଦେବ। ଥଣ୍ଡା କରି ବୋତଲରେ ପୂରେଇ ସମସ୍ତେ ପିଇବ। ଦେଖିବ, ସବୁ ଜର, ନୁଆର, ଦିହ ମଜରା, କରୁନା, ଭରୁନା ସବୁ ଛାଡି ପଳେଇବ।

ଦଦେଇ- ସତେକି ? ଆଃ- ବୁଝିଗଲି, ବୁଝିଗଲି।

ସାବିତ୍ରୀ- ମାନ ନ ମାନ, ଏ କାଢ଼ା ତୁମେ ବୁଢ଼ୀ ଠାକୁରାଣୀକୁ ଯୋଉ ପଣା ବାଢୁଥିଲ, ତା ଠଉଁ ଏ କାଢ଼ା ବଡ କଡା ବା-

(ପରଦା ପତନ)

■■

BLACK EAGLE BOOKS

www.blackeaglebooks.org
info@blackeaglebooks.org

Black Eagle Books, an independent publisher, was founded as a nonprofit organization in April, 2019. It is our mission to connect and engage the Indian diaspora and the world at large with the best of works of world literature published on a collaborative platform, with special emphasis on foregrounding Contemporary Classics and New Writing.

www.ingramcontent.com/pod-product-compliance
Lightning Source LLC
Chambersburg PA
CBHW020542080526
44583CB00013B/955
* 9 7 8 1 6 4 5 6 0 2 7 6 7 *